新时代语境下的
我国农村社会保障研究

张培勇　马洁华　丁　珊　著

XINSHIDAI YUJINGXIA DE
WOGUO NONGCUN SHEHUI BAOZHANG YANJIU

中国水利水电出版社
www.waterpub.com.cn

内 容 提 要

本书是基于笔者对我国农村社会保障制度的多年研究,针对我国农村社会保障制度目前面临的困难创作的。本书通过对我国农村基本养老保险制度、医疗保障制度、社会救助制度、社会福利政策等基本保障措施的现状、缺陷以及未来出路等问题的分析和研究,帮助读者系统地了解我国农村社会保障的基本状况。为了增强本书的借鉴性和现实意义,部分章节还对社会保障的一些基本知识以及国外的农村社会保障政策进行了叙述和介绍。

图书在版编目(CIP)数据

新时代语境下的我国农村社会保障研究 / 张培勇,
马洁华,丁珊著. -- 北京 : 中国水利水电出版社,
2014.8(2022.9重印)
ISBN 978-7-5170-2346-3

Ⅰ. ①新… Ⅱ. ①张… ②马… ③丁… Ⅲ. ①农村—
社会保障—研究—中国 Ⅳ. ①F323.89

中国版本图书馆CIP数据核字(2014)第188557号

策划编辑:杨庆川 责任编辑:石永峰 封面设计:崔 蕾

书 名	新时代语境下的我国农村社会保障研究
作 者	张培勇 马洁华 丁 珊 著
出版发行	中国水利水电出版社
	(北京市海淀区玉渊潭南路1号D座 100038)
	网址:www. waterpub. com. cn
	E-mail:mchannel@263. net(万水)
	sales@mwr.gov.cn
	电话:(010)68545888(营销中心)、82562819(万水)
经 售	北京科水图书销售有限公司
	电话:(010)63202643、68545874
	全国各地新华书店和相关出版物销售网点
排 版	北京鑫海胜蓝数码科技有限公司
印 刷	天津光之彩印刷有限公司
规 格	170mm×240mm 16开本 12.5印张 224千字
版 次	2015年1月第1版 2022年9月第2次印刷
印 数	3001—4001册
定 价	38.00元

凡购买我社图书,如有缺页、倒页、脱页的,本社发行部负责调换

前　言

作为一个发展中的农业大国，农民问题在任何时候都是一个带有全局性和战略性的问题。我国农村经济发展的滞后使得我国农业人口社会保障制度的建设和发展动力不足。目前我国的农村社会保障制度仍然处于比较落后的状态，农村社会保障制度的确立和完善还有很多问题亟待解决。建立和完善农村社会保障制度是我国全面建成小康社会的重要内容，也是我国开展新农村建设、提高农村地区经济地位、维护我国社会稳定的一项基本措施。

目前，我国已经在农村地区全面推广新型农村合作医疗制度、新型农业保险制度、新型农村养老制度等一系列政策和措施，我国农民也开始逐渐认识和应用他们的社会保障权益。但是，由于自身和环境因素的种种限制，这些农民对正在实行或者将要实行的保障制度的认识和理解层次只停留在整个制度的某几项与自身利益关系最紧密条款之上，他们对整个保障制度并没有形成一个准确、全面的认识。因此，为了让广大的农民朋友更加详细和全面的了解我国农村保障社会制度、熟悉相关法律法规，我们将在本书中对这些制度和政策进行详细的介绍。此外，本书在编写过程中融入了不少笔者的观点和早期论文，因此本书也可以看作是对我国农村社会保障制度的一次剖析，在本书创作完成后，笔者希望这些研究能够为我国农村社会保障制度的发展和完善提供一些思路和想法。

本书用九章的内容对我国的农村社会保障体系做了系统的介绍与剖析，第一章为绪论，对我国农村社会保障制度的发展历史以及发展现状等情况进行了介绍；第二、三、四、五章从农村社会保障养老制度、医疗制度、社会救助制度以及社会福利制度四个方面系统地对农村养老保障体系进行了分析和描述，主要包括农村社会保障养老、医疗、救助以及福利的发展历史、发展现状、存在的主要问题以及笔者对解决这些问题和矛盾提出的建议和策略；第六、七章都是对我国农村特殊社会群体社会保障制度的介绍，但是由于农民工问题的突出性及其影响的广泛性，我们对其进行了单独介绍，主要内容包括我国对农村失地农民、伤残群体、计划生育家庭采取的社会保障措施和我国农民工问题形成的历史背景、农民工问题的主要困境以及农民工问题的解决策略等;第八、九章分别从内外两个角度对解决我国农村社会保障问题的思路与策略进行了探索,主要包括我国社会二次元社会结构的成因、对我国社会发展的不利影响以及应该采取何种措施对这种情况加以改善等。为了降低阅读难度,增加阅读者的阅读兴趣,本书大大减少专业、晦涩词语的使用篇幅,希望能对读者的阅读流畅性起到一定作用。

　　本书在撰写过程中,参考了大量的资料和文献,限于篇幅,笔者并未一一列出。在此,笔者向这些文件的作者、出版机构表示最诚挚的感谢! 虽然笔者已尽了自己最大的努力,但是由于个人时间和创作精力的限制,书中难免会存在一些缺陷和不足,真诚希望广大读者能及时对这些不足和缺陷进行批评和指正,笔者必将虚心接受。

作　者

2014 年 5 月

目　录

第一章 绪 论

社会保障体系的建设和完善是我国全面建设小康社会的重要组成部分,但统观我国的社会保障制度,很多问题还没有得到有效的解决,尤其是农村社会保障制度更是我国社会保障体系的薄弱环节。在本章里我们将会对我国农村社会保障体系的产生、发展、现状以及当前农村保障存在的诸多问题进行讨论与研究,让大家对我国的农村社会保障体系有一个全面的认识。

第一节 我国农村社会保障制度
的历史变迁和沿革

我国农村社会保障制度是由农村社会救助、农村养老保障制度、农村医疗保障制度和农村社会福利事业共同组成的一个完整的保障体系。新中国成立以来,它历经了三次制度变迁,每次变迁都有各自的特点。

一、1950—1978 年的农村社会保障

新中国成立后,长期扎根于农村的中国共产党和中国人民政府对我国的农村社会保障工作极为重视。新中国伊始,我国整个社会的工作重心都是围绕保障社会稳定展开的,在农村党和政府开展了广泛了灾害救助、难民安置、抚慰受伤士兵的社会救助和保障工作。1949 年 12 月政务院发布了《关于生产救灾的指示》,1950 年确立了"依靠群众、生产自救为主,辅之以国家必要救济"的农村社会保障总方针,同年 12 月内务部公布了《革命烈士家属、革命军人家属优待暂行条例》、《革命残废军人优待抚恤暂行条例》、《革命军人牺牲、病故褒恤暂行条例》和《民兵民工伤亡抚恤暂行条例》等社会保障政令法规,初步稳定了我国长期战乱造成的混乱的社会局势。

1956 年以后,农村人民公社体制的确立,使我国农村社会保障建设逐

步步走上正轨,建立起了以集体经济为基础和保障的复合型社会保障制度。这一制度框架包括以救济贫弱为重点的扶贫制度、以照顾和优待军烈属为内容的优抚制度、"五保"制度和农村合作医疗制度。

1958 年农村人民公社建立后,国家加强了人民公社对生活贫困的社员的社会救助,采取的方式主要有以下三种。

(1)年初评定补助工分,并记入当年的劳动统计手册,年终根据劳动量对劳动成果进行分配兑现。

(2)根据年终分配收入情况,适当补助工分或粮食。

(3)从集体公益金中提取补助费,补助贫困户,保障每一个农民的基本利益。

1956 年,"五保"制度正式在我国农村施行,该年 6 月出台的《高级农村生产合作社示范章程》对"五保"对象和"五保"内容作了初步规范,构建起了"五保"制度的基本框架。1964 年 10 月通过的《1956—1976 年全国农业发展纲要》又增加了"保住"、"保医"等内容,对"五保"制度进行了进一步的完善。

我国的农村合作医疗制度开始于 20 世纪 50 年代,其创建的初衷是解决农民看不起病的问题,但是这一时期的合作医疗制度并没有以法律的形式正式确立。1960 年 2 月,卫生部出台的《关于农村卫生工作现场会议的报告》,正式将这一制度称为集体医疗保健制度,开始在全国推行。

我国的社会优抚制度在 1956 年农业合作化运动后也随着机体经济的确立而出现了新的变化,主要体现在劳动日数评定制度上。具体来说就是农村集体经济组织对军烈属,按照家庭和个人情况,在春季评定一年内应做的劳动日数,如果其收入在劳动日数内落后于其他成员的平均水平,那么优待一定数量的劳动日。

二、1978—2002 年的农村社会保障

建立于 20 世纪五六十年代的以集体经济为依托的农村社会保障项目,随着我国市场经济的引入保障效果大大降低。因此 20 世纪 80 年代以后,我国有开始了新一轮的由于农村社会保障制度创新与改革工作,其措施主要体现在以下几个方面。

(一)社会救助方式转变

在社会救助方式上,由原来的被动救贫转变为主动扶贫。从 1986 年起,党和政府在全国范围内开展大规模的扶贫计划,并且成立了专门的扶贫

机构,通过"以工代赈"等方式,增强贫困人口的自救能力。1994 年 3 月,国务院颁布《国家"八七"扶贫攻坚计划》(以下简称《计划》),计划从 1994 年到 2000 年,集中人力、物力、财力,动员社会各界力量,力争用 7 年左右的时间,基本解决农村 8 000 万贫困人口的温饱问题。2001 年 5 月,国务院又制定了《中国农村扶贫开发纲要(2001—2010)》,该《纲要》将扶贫工作的开展扩大到了更广的领域,并且贫困地区尚未解决温饱问题的贫困人口作为重点扶贫对象。

(二)"五保"筹资方式开始改变

这一时期,我国政府针对"五保"供养制度的资金筹集方式进行了改革,该项改革从 1985 年起在全国逐步推行,经费由乡镇统筹,并加强了对农村敬老院的硬件建设和完善,并初步建立了"五保"服务网络,进一步完善了我国的"五保"制度,强化了该保障制度的保障效果。

(三)农村最低生活保障制度开始实行

在经济较发达地区建立农村最低生活保障制度,在经济欠发达地区建立特困户生活救助制度,向农村生活困难人员提供现金、食物和服务方面的救助,资金由国家和集体负责解决。

(四)农村养老保险试点进行

这项工作开始于 1986 年,在经过几年的试点后,1992 年 1 月,民政部正式出台了《县级农村社会养老保险基本方案(试行)》。该方案对农村社会养老制度进行了大体勾画,其内容主要有以下几点。

(1)农村社会养老保险以保障农民的基本生活为目的,效益优先兼顾公平。

(2)农民养老保险采取政府引导、组织,农民自愿参加的方式,资金筹集坚持"个人缴费为主、集体补助为辅,国家予以政策扶持"的原则。国家政策扶持主要体现在乡镇企业职工参加养老保险可以税前列支,保险基金运营中免征增值税等。

(3)建立个人账户,将个人缴费和集体补助都记在个人名下,未来领取养老金的数额取决于个人账户资金积累的多少,个人保险金可以继承。

(4)养老保险基金筹措、管理、运营,以县为单位。

(5)对农村各类从业人员适用统一的社会养老保险制度,实行务工、务农、经商等各类人员养老保险一体化,对参保人员进行统一保险编号,对个人账户进行统一管理。

（6）保险对象一般从 60 周岁开始领取养老金，保证期为 10 年，未领够 10 年身故者，由其法定继承人或指定受益人继续领取到 10 年期满为止，或一次性继承。领取超过 10 年的长寿者，则一直领取到身故为止。月领取标准计算公式为：月领取标准（年满 60 周岁的次月）＝0.008631526×积累总额。但这项制度试点在 1999 年以后因种种原因被叫停，此间，仍享有农村社会养老保险的人口有近 5 000 万人。

（五）尝试建立新型农村合作医疗

1997 年 5 月，国务院批转了卫生部等部门关于发展和完善农村合作医疗若干意见，提出按照"民办公助、自愿量力、因地制宜的原则"来重建农村合作医疗制度。但这一努力成效不大，在全国推广的范围不大。

（六）改革优抚安置制度

1984 年 5 月，六届全国人大二次会议通过了《中华人民共和国兵役法》，1987 年 12 月国务院颁布了《退伍义务兵安置条例》，次年 7 月国务院发布了《军人抚恤优待条例》，这些法规明确了我国优待抚恤制度实施的基本原则，即实行国家、社会、群众三结合的优抚工作制度，改革了优待制度，优待方式由"优待工分"改为由乡镇人民政府采取平衡负担的办法，通过农民群众的统筹给予农村义务兵家属发放优待现金，采取以乡镇为单位统一筹集优待金、统一优待金标准、统一兑现的优待办法。

近年来，各地还在探索优待金社会统筹方式，由农民扩大到干部、职工、个体工商户等成员，扩大了优待金使用范围，除优待义务兵家属外，剩余部分还用于解决其他优抚对象，重点是解决在乡老复员军人的生活困难。20 世纪 80 年代，抚恤制度也进行了改革，提高了抚恤标准。"三属"的抚恤由定期定量补助改为定期抚恤。农村退伍安置工作由救济抚慰转向扶持生产、开发使用退伍军人两用人才。

三、2002 年以后的农村社会保障

进入 21 世纪后，我国经济重新步入高速增长的轨道，国家经济实力迅速增强，但是区域发展不平衡的问题并未得到解决，甚至有愈演愈烈的趋势。在这种历史背景下，党的十六大对我国的发展思路做出了战略性的调整，将统筹城乡统一发展纳入了我国社会经济发展体系之中，并逐步将解决"三农"问题作为了当前农业发展的重点问题。为了适应新的社会形势和国家战略，我国政府在这一时期对农村社会保障制度进行了以下几个方面的

调整和完善。

(一)建立新型农村合作医疗制度

2002年10月19日,中共中央、国务院发布了《关于进一步加强农村卫生工作的决定》。《决定》提出要建立以大病统筹为主,由政府组织、引导、支持,农民自愿参加,政府、集体、个人多方筹资的新型农村合作医疗制度,并计划在2010年覆盖全国。

(二)完善农村"五保"供养制度

2006年1月,国务院第121次常务会议通过了《农村五保供养工作条例》。新版的工作条例将农村"五保"供养对象全部纳入财政供养范围,农村"五保"供养资金由地方人民政府在财政预算中安排,对财政困难地区的农村"五保"供养,中央财政在资金上将给予适当补助。

(三)建立农村最低生活保障制度

2007年,国务院发布了《关于在全国建立农村最低生活保障制度的通知》,要求在全国范围内建立农村最低生活保障制度,将符合条件的农村贫困人口全部纳入保障范围。农村最低生活保障资金的筹集以地方为主,中央财政将对财政困难地区给予适当补助。

(四)全国试行新型农村社会养老保险制度

2009年9月,国务院决定在全国部分地区开展新型农村社会养老保险试点工作,并发布了《关于开展新型农村社会养老保险试点的指导意见》(以下简称《指导意见》)。《指导意见》明确提出了新农养老保险试点的基本原则,即要"保基本、广覆盖、有弹性、可持续"。该原则主要包含以下四层含义。

(1)从农村实际出发,低水平起步,筹资标准和待遇标准要与经济发展及各方面承受能力相适应。

(2)个人(家庭)、集体、政府合理分担责任,要明确权利与义务相互对应的关系,权力的享有是以履行义务为前提的。

(3)政府主导和农民自愿相结合,通过合理的制定参保方式来逐步引导农村居民参保,而不是强制农民参保。

(4)中央确定的只是基本原则和主要政策,具体的实施方案和实施办法需要地方政府根据具体的情况灵活制定。

《指导意见》决定自2009年开始在全国10%的县(市、区、旗)开展新型农村社会养老保险,以后将逐步扩大试点范围,并在2020年之前基本实现对农村适龄居民的全覆盖。

(五)继续丰富和完善农村社会救助以及其他保障措施

2003年,我国民政部、卫生部、财政部三部委联合颁发了《关于实施农村医疗救助的意见》(以下简称《意见》),《意见》要求对我国各级政府以及社会保障管理部门对农村"五保户"、农村贫困户家庭成员应该给予必要的医疗救助,保护贫困农民的基本生活权利。

2005年,国务院决定建立农村义务教育经费保障新机制,这一保障机制将农村义务教育全面纳入国家财政保障范围,义务教育费用改革逐步开启。2007年,国家全面推行农村义务教育阶段学生"两免一补"政策:对农村义务教育阶段学生全部免除学杂费,全部免费提供教科书,对家庭经济困难寄宿学生补助生活费,至此我国义务教育费用彻底被免除。

第二节　当前我国农村社会保障的基本状况

现阶段我国农村社会保障的基本模式可以概括为"一、二、三、四、五",即:一个主体——农民家庭自筹保障为主,两个辅助——国家保障和集体保障,三个层次——救助、保险和福利服务,四个重点项目(支柱)——社会救助、养老保险、优抚安置和社会福利服务,五个服务网络——扶贫济困服务网络、助残服务网络、安老敬老服务网络、优抚安置服务网络以及婚丧服务网络。

一、农村社会保障网络初步建立

农村社会保障网络是农村社会保障制度实施的载体和依托,也是我国农村社会保障制度建设的一项重要内容,具有独特的中国社会主义社会保障的特点。农村社会保障网络的初步建成,对于我国农村保障政策的落实实施、保障资金的管理都至关重要。20世纪90年代初至今,我国广大农村地区逐步建立起了社会保障网络组织。全国建立以一院(敬老院)、一厂(社会福利工厂)、一会(社会保障基金会)、优待五保乡镇统筹为主干的农村社会保障网络。随着项目开展的不断深入,建立社会保障网络的乡镇数量以及各种形式的社会保障基金会数量迅速增加。

农村社会保障网络的初步建立为农村社会保障事业的发展奠定了坚实

的基础,对于深化农村改革与保持农村社会的安定局面起到了积极的作用。

二、农村养老保险制度稳步发展

20 世纪 80 年代以前,在集体经济的基础之上我国一直采取以家庭为主,国家和集体保障为辅的农村养老制度。1986 年,我国农村经济制度改革使原有的农村养老保障体系瓦解,紧接着国家"七五"计划明确指出要抓紧建设社会主义新型农村养老保险制度的建设,并根据各地经济发展和人口状况,进行试点,并逐步推广实行。

1992 年民政部颁布实施了《农村社会养老保险基本方案》,对我国农村社会养老保险制度的发展具有重要的推动作用。2003 年底,全国有 1 870 个县(市、区)不同程度地开展了农村社会养老保险工作,5 428 万人参保,积累基金 259 亿元,198 万农民领取养老金。2004 年,中国政府开始对农村部分计划生育家庭实行奖励扶助制度减轻独生子女的养老压力;农村只有一个子女或两个女孩的计划生育夫妇,每人从年满 60 周岁起享受年均不低于 600 元的奖励扶助金,直到亡故为止。奖励扶助金由中央和地方政府共同负担。

现阶段,我国农村社会养老保险在资金筹集上采取"个人缴费为主,集体补助为辅,国家以政策扶持";采取政府组织和农民自愿相结合的原则;实现完全个人账户、个人缴费和集体补助全部记入个人名下;基金管理和运营以县为单位。

三、农村医疗保障制度创新发展

农村医疗保障制度在农村社会保障体系建设中具有举足轻重的作用。20 世纪 80 年代末,传统的合作医疗逐步解体,农村医疗保障制度重新处于空白状态。在对传统农村合作医疗创新与发展的基础上,针对广大农村地区的医疗保障真空现象,中共中央国务院于 2002 年 10 月颁发了《关于进一步加强农村卫生工作的决定》,提出建立以大病保障为主的新型合作医疗制度。2003 年 1 月《关于建立新型农村合作医疗制度的意见》要求在全国范围内选择新型农村合作医疗的先行试点,在取得经验后逐步推开。目前,新型合作医疗实施范围在迅速扩大,为农村卫生事业的发展和农民的健康保障带来新的希望。

四、农村社会救助全面展开

新中国成立以来,党和政府始终高度重视社会救助工作。第八次全国民政会议将社会救助工作的方针修订为"依靠群众,依靠集体,生产自救,互助互济,辅之以国家必要的救济和扶持",这也是我国社会救助工作的经验总结。农村社会救助方面的一项重要创新是农村"五保"供养制度。1994年,国务院颁布了《农村五保供养工作条例》(以下简称《条例》),正式通过法规的形式对五保供养的性质、对象、内容、形式等做出明确规定。2006年3月1日,全国贯彻《农村五保供养工作条例》视频会议宣布施行新修订的《农村五保供养工作条例》,将农村最困难的群众纳入财政供养,标志着我国农村五保供养制度的历史性变革,是新农村建设的第一步。

农村社会救助工作的另一项重要内容是农村扶贫。它产生于20世纪50年代,由于受到诸多因素的制约,我国扶贫工作长期局限于救济扶贫。1983年,国务院成立全国扶贫开发工作小组,扶贫工作引起了高度重视并获得了组织和资金上的保证,在全国普遍开展起来。1994年,国务院制定了《国家八七扶贫攻坚计划》,提出用7年时间解决贫困地区8 000万贫困人口的温饱问题。国家通过财政、金融支持,动员社会力量扶贫,鼓励和倡导富裕地区帮助贫困地区等措施来实现消灭贫困地区和绝对贫困现象的扶贫目标。

随着社会事业的发展,农村社会救助项目增多,内容不断丰富。目前,农村社会救助的主要内容包括传统的救济、农村最低生活保障、临时救济与农村扶贫;救济对象为农村五保户、困难户和其他生活困难群体;专项救助主要有医疗救助、教育救助、住房救助、司法援助、科技救助等。

五、农村福利事业逐步推进

社会福利制度一般指政府推行的福利政策、福利设施和社会公益事业等。我国农村福利制度始于新中国成立初期。但由于农村人口众多,政府的投入有限,农村社会福利主要依靠地方、集体和社会的力量来逐步加以推行。福利设施主要包括县、乡、村各级兴办的敬老院、福利院、光荣院,有的地区还建立卫生院、医疗站,解决农民看病难的问题,经济较发达的地区兴办其他一些文化娱乐设施。现在不少农村把建立一厂(福利厂)一院(敬老院)作为乡、村两级主要的福利事业。福利企业成为社会保障资金来源的一个重要渠道,不仅使残疾人就业得到了保障,同时也增加了农民的收入,壮大了农村集体经济。

20 世纪 80 年代后,随着市场经济的发展,农村福利事业得到巩固和发展,福利项目增加的同时扩大了服务领域,发挥了福利事业的骨干作用和辐射作用;各地广泛动员社会力量兴办福利事业,推进福利事业社会化;新的社会福利如农村有奖募捐、残疾人社会福利事业、建立五保服务中心等得到较快的发展。

第三节　当前形势下建设新型农村社会保障体系的意义

长期以来,在我国的经济和社会实践中,存在着重经济发展、轻社会发展,重城市发展、轻农村发展的倾向,这一倾向已对我国经济社会的持续健康发展造成了十分不利的影响,必须充分认识建立健全农村社会保障制度的必要性和意义,增强促进这一制度建设的主动性。现阶段,建立健全农村社会保障制度有以下重要意义。

一、保障农村居民基本生活

改革开放以来,尽管我国在消除农村贫困方面取得了很大成就,但农村贫困问题依然很严重。2010 年,国家有关部门公布的贫困人口数字是 2 688 万人,但一般认为,实际贫困情况要远比这严重。这是主要有以下几个原因。

(1)上报的已脱贫的贫困人口的数字是有水分的,有些地方领导出于政绩的考虑,上报贫困人口往往统计加估计,有少报贫困人口现象。

(2)被忽视的贫困人口未加以统计,有些非贫困县由于未列入国家或省的扶贫对象县的范围得不到国家和省的补助,而自身的财力十分有限,无法增加扶贫投入,因此就降低上报贫困人口比率。

(3)已脱贫又返贫人口少报或不报,目前各地返贫率居高不下,有些地方返贫率高达 20% 以上。

(4)扶贫标准订得太低,现在的贫困标准仅相当于国际贫困线确定的最低贫困人口标准的 1/5,相当其贫困标准的 1/10,为美国的 1/50。事实上,在国家于 2011 年 11 月 29 日决定大幅提高贫困人口标准至农民人均纯收入 2 300 元以后,有学者估计,新标准下,有待国家扶贫的农村贫困人口可能达到 1.3 亿人。

对农村贫困中的这些现象,仅靠传统的反贫困方式,如开发式扶贫、依靠社会力量短期帮扶式扶贫等,是远远不够的。对于有些贫困人群,既要帮助他们增强抵御风险的能力,还要建立起风险的分担机制与救助机制,以便在风险来袭时帮助他们及时化解风险。对于那些已基本丧失自我恢复能力的贫困人群来说,则需要建立起覆盖范围广泛的农村最低生活保障制度、农村医疗救助制度、社区服务制度等来维持他们的基本生存条件。

疾病风险及其化解是目前我国农村地区面临的又一突出问题,造成这一现象主要是因为居住条件、医疗卫生条件差,加上日益恶化的环境,造成我国农村地区疾病的发生率一直处于一个比较高的水平。化解农村居民面临的疾病风险,解决看病难、看病贵问题需要进行医疗卫生体制的全面改革,建立健全农村医疗保障制度是其中的一个重要环节。理论与实践都表明,没有集体的风险分担机制,单靠农民个体是无法抵御不确知的健康风险的。同时,实践也证明没有政府参与的农村医疗保障制度是不可持续的。对建立农村医疗保障制度的意义还应该从更宽的范围、更高的高度来认识,它不仅是一种消费性行为,也是一种生产性行为,不仅具有个体效应,也有广泛的正外部效应,它是经济社会发展的手段,更是经济社会发展的目的所在。

二、促进公平、公正与社会和谐

长期以来,我国在经济社会发展中实行的是城乡有别的发展政策。新中国成立后不久,基于尽快实现工业化的美好愿望,国家实行了重工业优先发展战略。为筹集工业化所需资金,减轻城市就业压力,国家实施了粮食统购与工农业品价格"剪刀差"政策,农村居民迁移及就业限制政策,将农民限制在农村与农业这一狭小领域内。为保证财政资金更多地被用于生产建设,国家压低了社会性服务支出,同时对这些支出进行了偏向于城市的安排,在城市建立起了完全由国家承担出资义务的社会保障系统和福利系统,城镇职工可以免费获得教育、免费获得住房及其他社会服务,在农村,对农民的保障基本交由社区或家庭来承担,国家仅提供有限的福利服务。改革开放前的近 30 年里,农民承受了不公正的对待,为国家的工业化做出了巨大牺牲,仅通过工农业品的不平等交换,就贡献了 6 000 亿~8 000 亿元的资金。

1978 年改革开放后,农村率先成为改革的试验田,过去对农民、农业的种种限制性与歧视性政策逐步被放宽与校正,农民获得了在一定地域范围内的自由迁移权、择业就业权、平等贸易权等,这奠定了农民增收致富的制度基础。但是,国家对农民的歧视性政策与剥夺并没有彻底消除,在改革后相当长的时间里,农民要承担比市民高得多的税赋,还要承担土地及其他资产不平等交换的苦果,更要承受就业与劳动报酬的歧视性待遇。在土地上创造的大量财富被虹吸到城市后,农民却得不到必要的回馈。以新型农村合作医疗制度建立前的 2002 年为例,在当年的社会保障支出中,城市人均获得 1 416 元,农村只有 15.2 元,用于城市的社会保障支出占社会保障总支出的 97.68%,农村仅占 2.32%。在教育支出上,城乡中小学人均教育经费差距为 1.6∶1,并连续多年呈扩大趋势。这诸多的歧视性政策对农村居民来说是不公正的,客观上对城乡差距的扩大起了推波助澜的作用,同时,也加剧了社会阶层之间的裂痕,使经济社会发展愈来愈偏离公平、公正的方向。建立健全农村社会保障制度是对持续几十年的偏向于城市的社会政策的校正,它建立了一种再分配国民收入的新途径,使广大农村居民可以通过社会救助、通过老年津贴、通过医疗保险金的转移支付,获得应得的部分,促进了社会公平;它赋予了农民应平等享有的社会权利,建立健全农村社会保障制度是社会迈向公正与和谐的重要一步。

三、应对农村人口老龄化的冲击

目前,我国人口老龄化的趋势越来越明显,就农村人口而,截止到 2009 年底,60 岁以上人口总数已经达到 1.05 亿,超过整个农村人口比重的 18.3%。在老龄人口中,高龄人口也不断上升,2000 年,农村 80 岁以上高龄老年人为 900 万人,占农村老年人总数的 9.8%,到 2009 年底,已增加到 1 100 万人,占农村老年人总数的比重上升为 11.3%。根据趋势预计,我国农村人口老龄化在 2011—2020 年这段时间内更是会处于一个快速发展的时期,2021—2033 年会出现年高速攀升的现象,2034—2060 年持续在高位运行,农村 80 岁以上老年人占农村老年人的比重预计到 2045 年将超过 22%。届时农村社会的养老问题将会极为突出,农村地区的社会生活结构也会出现一定的变化。

农村人口老龄化给我国经济社会带来了诸多挑战,其中之一是农村老年人口生活质量的保障问题。传统上农村家庭主要靠家庭养老。应对这一挑战的当然选择是建立社会化的养老保障体系及其他保障体系来未雨绸缪。建立与完善这些制度的积极意义主要有以下两个方面。

(1)它有利于引导农村人口合理分配生命周期中的收入,减少老年时期对家庭的依赖。经济学中在讲到社会保障制度建立的依据时,常提到"短视"问题,这一现象在我国不少农村地区还是不同程度地存在的。许多农村人群在生命的青年时期,崇尚现期消费、炫耀性消费,抱着"今朝有酒今朝醉,哪管明天是何日"的态度,将收入花费在婚丧嫁娶、大操大办、建屋置地等生活性消费上,缺乏理财与投资性活动,致使老年阶段缺乏足够的积累。建立养老保障制度可在一定程度上化解这种现象。

(2)可以通过社会收入再分配机制减轻部分困难家庭的负担。对于收入水平不高,家庭养老困难的农村人口而言,来自国家的辅助可以为这些老年人的晚年生活提供一个比较稳定的保障。有种观点认为,家庭养老还可以作为农村养老体系的主要部分,不必急于建立社会化养老制度,其实,这种看法是很片面的,没有意识到过于依赖家庭养老对于经济社会发展的不利方面。对于有些家庭,特别是对于那些有一定困难的家庭来说,尽管可以维持老年人的生活,但他们往往不得不靠减少生产性投资,如改良土地肥力、选用新的作物品种、扩大种植面积等,不得不靠减少对家庭其他成员的教育、医疗、健康方面的投资来实现。这种行为的不利后果,从小的方面说,是阻碍贫困家庭脱贫致富,甚至造成"贫困陷阱"、"贫困恶性循环"。从大的方面说,会影响社会的生产和财富创造。这些在风险经济学中都有佐证。

(3)农村社会保障制度的建立可以以社会化的服务来弥补家庭服务的缺失,减少老年人的孤独感、无助感,为老年人保持与改善生活质量提供方便。此外,社会化保障体系,还可以避免部分农村家庭不尽赡养义务,不善待老人的问题。对于原本贫困的人口,社会保障还可以部分地改善他们的生活水平。

对于建立农村社会化养老保障体系的现实必要性,有些学者并不完全认同,他们认为,农民承包的土地也有保障功能,它是现在大多数中国农民最可靠的生活保障。对于这一点,我们不否认,只要有当地户口,多多少少会有一些土地,会产生收益供老年人养老。但是我们更要看到,这些小块土地的收益是极不稳定的,并不能为养老提供可靠的保障,而且老人在七八十岁的高龄时还要从事繁重的体力劳动才能获取生活保障,这并不是一种人道的做法。另外,我们还可从社会效益来看待这个问题,若让土地发挥保障功能,那可能就要多多少少地舍弃其生产功能,以农业生产的低效率为代价。这对地少人多、粮食生产存在安全问题的中国来说,也是一个不小的代价。因此,选择以土地保障来应对农村的老龄化问题,基本是不能成立的。

四、促进经济增长方式转变

建立农村社会保障制度不仅有社会功用、政治功用,对经济的发展也有正面的影响,其中之一是促进我国增长方式的转变。目前,我国经济增长方式有以下特点:从增长要素分析,主要是靠投资驱动、靠大量增加各类资源的使用量来驱动,科技进步的作用比较小;从增长的动力看,主要靠投资与外需"两驾马车",消费的驱动力不强。这种增长方式现在已到了非改不可的境地,主要在于高投资难以持续;出口过快增长面临的风险越来越大,出口的拉动力在不断削弱;资源环境承载能力已接近极限;此外,现有的增长模式会加剧就业与收入分化趋势。转变经济增长方式是一项长期的、艰巨的任务,需要从多方面着手,建立健全农村社会保障制度对其也可以发挥一臂之力。这主要是从提高农村居民的消费能力来说的,目前,我国的农村常住人口还占全国总人口的 50%,未来相当长的一个时期,这一占比还会很大,农村的购买力及潜在购买力还比较大。但要增加农村消费,必须解决两个问题:一是有能力消费,二是愿意消费;前者取决于收入状况,后者由人们对未来的预期及信心所决定。社会保障制度对启动有效需求的影响有两点:一是通过向贫困人口的转移支付可提高他们的消费能力;二是通过分散风险,平滑和稳定居民的支出预期,降低其储蓄倾向。从现实情况看,大部分农村消费需要的满足程度还很低,农民有较强的消费欲望,建立一个适度水平的农村社会保障制度可以直接增强他们的消费能力,同时也可以"启动预期",调动一部分潜在消费力。

五、为经济的可持续增长提供支撑

中国经济在改革开放以后取得了伟大的成就,在过去的 30 多年里创造了世界经济发展史上的一个奇迹,那么未来的 30 年,乃至更长时期内,中国如何保持稳定、持续的经济增长速度,如何保证我国公民的生活水平的不断提高? 关于这两个问题很多经济学家倾向于认为,人力资本是其中的关键,"劳动力的增长已经不太可能,尽管未来劳动力供给的绝对量还会比较高","从资本增长来看,中国国内的储蓄率大概是 40%,这个比例增高的可能不太大,反而可能会因为投资理财的行为的逐渐增多出现小程度的下降"。

人力资本包含的最基本要素主要有两个,一是强健的体魄,二是良好的教育以及技能培训。在人力资源研究领域有学者指出,提高低收入者对身体健康消费的支付能力是提高我国国民身体素质的最有效手段。我们这里所说的教育并不是狭义上的在学校期间接受的交易,而是广义上的教育,它还包括参加学习班、参加职业技能培训学习课程等一些与提高自身工作能力有关的行为。当然,要保障我国国民能够获得足够的教育经历最根本的是提高居民的教育消费支出。健全的社会保障制度通过对家庭的转移支付或者免费教育,将直接提升居民享受教育服务的能力。

在农村,就人力资本而言其提升的空间还十分巨大。在教育方面,2005年全国人口平均受教育程度达到了8.5年,但与发达国家相比,差距仍然很大,如美、英、德、法等国家平均受教育年限都超过15年,一些发展中国家,如巴西达到了13.4年、马来西亚达到了12.1年,而同期我国农村人均受教育年限仅为6.9年。在农村劳动力中,具有高中以上文化程度的仅占13%,小学以下文化程度的占36.7%,接受过系统农业职业技术教育的不足5%。2004年,中国农村文盲率高达10.7%。在贫困地区仍有近200万名失学儿童,多为家庭贫困所致;流动儿童失学率高达9.3%;近半数适龄儿童不能及时入学;"超龄"上学现象比较严重,不在学儿童"童工"问题突出。在健康方面,孕妇及婴幼儿死亡率还比较高,2009年农村居民孕产妇死亡率为34.0/10万,城镇为26.6/10万;农村新生儿死亡率为10.8‰,城市仅为4.5‰;农村婴儿死亡率为17‰,是城市的近3倍;农村5岁以下儿童死亡率为21‰,比城镇高出13.5个千分点。在患病与就医方面,第四次国家卫生服务调查显示,农村居民两周患病率、慢性病患病率都比第三次调查有所上升,经医生诊断需住院而未住院的农村病人仍占20%,其中多为因家庭经济困难引起。在获取公共卫生服务方面,农村自来水的普及率只有41.9%,无烟化厕所普及率为20.6%,健康检查还不普及,如在高血压疾病防治上,在周查的15岁及以上人口中,农村居民在调查之前进行过血压检测的只有36.0%。

第四节　我国新型农村社会保障体系建设的主要内容

我国是一个传统的农业大国,有8亿农村人口,虽然目前城镇社会保障体系建设取得了一定的效果,但是作为社会保障主体的农村地区,社会保障水平仍然很落后,造成我国城乡社会保障制度发展不平衡的原因是传统的城乡二元结构模式。针对我国目前社会保障发展的状况，适时建立健全农村社会保障体系对维护社会稳定、保证农村人口合法权益具有重要的意义。我国农村现行社会保障的基本内容主要包括以下几个。

一、五保供养制度

农村五保供养，是指依照国家《农村五保供养工作条例》的规定，在吃、穿、住、医、葬方面给予村民的生活照顾和物质帮助。我国五保供养制度始建立于20世纪50年代。

根据国务院于2006年1月公布的最新《农村五保供养工作条例》规定，老年、残疾或者未满16周岁的村民，无劳动能力、无生活来源又无法定赡养、抚养、扶养义务人，或者其法定赡养、抚养、扶养义务人无赡养、抚养、扶养能力的，享受农村五保供养待遇。对未满16周岁或者已满16周岁仍在接受义务教育的供养对象，保障他们依法接受义务教育所需费用。五保供养主要有在当地农村五保供养服务机构集中供养和在家分散供养两种形式，供养对象可以自行选择供养形式。五保供养所需资金，在地方人民政府财政预算中安排，中央财政对财政困难地区的农村五保供养在资金上给予适当补助。

二、家庭赡养

"养儿防老"是中国农民传承了几千年的家庭保障思想，也深深地扎根于每个中国人的心中，在经济欠发达缺乏养老保障的农村的地区，这一观念更是难以改变。从道德上来说，家庭养老和赡养父母是一种社会美德，而且我国也在制度和法律上对这种思想和行为进行鼓励。1996年10月开始实施的《中华人民共和国老年人权益保障法》，以法律的形式确认了老年人被赡养的权利，规定了成年子女在家庭抚养中应尽的义务。《中华人民共和国国民经济和社会发展"九五"计划和2010年远景目标纲要》也明确指出："农村养老要尊重我国的文化和历史传统，在国家帮扶的基础上以家庭保障为主。"实际上，家庭赡养一直是我国农村养老保障的主要形式。家庭赡养形式中最主要的又是子女供养。

三、土地保障

土地自古以来就是我国农民最为重视的财产和生活保障，土地对我国农民具有极为特殊的意义,它不仅是我国农民的生产资料和生活资料,具有基本的生活保障,是农民的基础性保障。近年来,随着国家农村税费改革政策的实施,农业税、特产税逐步取消,农民在土地中获得的收益较以前有所增加,农民从土地上获得的保障逐步得到了加强。另外,随着我国建筑用地需求的不断增加,国家颁布了一系列的土地保护政策,保护失地农民的合法权益。

四、优待抚恤保障

优抚政策无论在城市还是在农村都属于一种比较特殊的社会保障政策,因为其保障对象是一些特殊的人群,比如老红军、复员军人、军烈属、伤残军人等。根据有关的国家政策,我国政府对这些人给予不同程度和不同形式的优待抚恤,其具体执行和实施由民政部门负责。从严格意义来看,优待抚恤并不同于普通的社会保障,它体现着国家对军人群体的尊重与保护,它是支持国防建设的特别社会保障措施,对保障我国国家安全具有重要的意义。

五、农村社会养老保险

1992年1月,民政部颁布了《县级农村社会养老保险基本方案(试行)》,确定了农村社会养老保险的基本原则,即"个人交纳为主,集体补助为辅,国家给予政策扶持"的筹资原则,以个人账户积累方式为主的农村养老保险工作,以县为单位,开始在各地推广开来。1995—1998年是农村养老保险搞得最火热的几年,农民参保的积极性非常高,但是到了2000年参保人数急剧下降。这其中除了农保资金没有得到很好管理,各级政府对农村社保工作不够重视等因素外,主要是因为1999年国务院有关部门下发了关于目前尚不具备普遍推广农村养老保险的条件的文件,导致农村社保工作大幅度下滑。究其原因,主要还在于对农民和农民利益的忽视和轻视。

2002年,十六大提出要在有条件的地方探索建立农村养老保险制度,使这一工作又逐步得到发展。2006年底,我国有1 905个县(市、区)不同程度地开展了农村社会养老保险工作,共5 374万人参保,积累基金354亿元。2009年根据党的十七大和十七届三中全会精神,国务院决定开展新型农村社会养老保险试点工作,这将进一步缓解农民的后顾之忧。

六、计划生育奖励扶助保障

计划生育是我国的一项基本国策,为了保障这些家庭的合法权益,使他们的生活得到有效的保障,2004 年,农村计划生育家庭奖励扶助制度开始在全国 5 个省市和 10 个省的地级市试点。2005 年,试点范围扩大到 25 个省(区、市)。2006 年,开始全国推行。计划生育奖励扶助制度的主要内容是,对于积极响应国家号召执行计划生育的农村家庭,每人从年满 60 周岁起享受年均不低于 600 元的奖励扶助金,直到亡故为止。奖励扶助金的来源是中央和地方政府,也就是说扶助金是完全由国家承担的,符合保障条件的老年人,不需要支付任何费用。实施这一政策的主要目的,是通过对实施了计划生育的家庭给予经济奖励和扶助,帮助这部分拥护国家计划生育政策家庭的养老困难问题,并通过其积极的社会影响来形成一个利益导向机制,以更好地推进农村计划生育工作。

七、农村新型合作医疗制度

合作医疗曾是我国农村的基本医疗制度,尤其是在 20 世纪的集体经济时期,该制度曾经覆盖了我国 90% 以上的农村地区,95% 的农村人口,这也是我国农村医疗保障发展最为巅峰的时期。20 世纪 80 年代初,随着我国经济体制的改革,市场经济的建立使得这一依托于农村传统集体经济的农村社会保障体系瓦解。

为解决农民"因病致贫,因病返贫"的问题,保障农民的基本医疗需求,2002 年我国开始实行新型农村合作医疗制度,即由政府组织、引导、支持,农民自愿参加,政府、集体、个人多方筹资,以大病统筹为主的农民医疗互助共济制度。中央财政从 2003 年起,通过专项转移支付对中西部地区除市区以外的参加新型合作医疗的农民,按每年人均 10 元安排补助资金。地方财政对参加合作医疗农民的补助每年不低于人均 10 元。截至 2008 年 9 月,新型农村合作医疗制度覆盖了 2 729 个县(市、区),参加新型农村合作医疗人口达 8.14 亿人,参保率达 91.5%,在一定程度上缓解了农民治病难的问题。

八、最低生活保障制度

农村最低生活保障制度是对家庭人均收入低于最低生活保障标准的农

村贫困人口,按最低生活保障标准进行差额补助的制度。近年来,一些有条件的农村地区业已开始探索建立这一制度。据统计,截至 2007 年 7 月底,已有 2 311.5 万人,1 074.6 万户享受农村最低生活保障。

除上述主要生活保障和医疗保障途径外,国家还采取了自然灾害专项救助、特困救助等措施,对农村重点贫困对象予以适当的生活救济。

第五节 当前我国农村社会保障建设中面临的主要问题

从总体上看来,目前我国农村社会保障制度还处于非规范化、非系统化阶段,农村社会保障的缺陷和问题还有很多,只有将这些问题逐一解决我国的农村社会保障体系建设才能够取得实质性的进展,否则只能是对当前制度的修补而已。

我国当前农村社会保障体系存在的主要问题主要有以下几个。

一、体制机制不完善

农村社会保障体系是一个包含多种保障项目的综合社会保障制度,主要有农业生产保险、农村社会保险(含养老、医疗、失业、工伤、生育保险)、农村社会福利、农村社会救助(含农村社会最低生活保障、农村救济、救灾和扶贫)、优抚安置和自愿补充保障等。但从目前我国农村社会保障的状况来看,很多保障项目在农村保障中仍然没有得到施行,农村人口的社会保障主要由农村家庭来承担。我国目前农村经济的发展水平并不高,农村人口人均收入水平也比较低,农村家庭的生活保障能力不足以应对我国目前的农村社会保障需求。

从制度建设上来看,我国的农村社会保障只是初步建立起了农村低保、农村养老、农村社会优抚以及合作医疗制度,并且其中的一些保障体系还处于在发达农村地区进行试点的阶段,没有彻底成型,距离成熟的保障体系还有很大的差距。换句话说,就是我国并未建立起全国统一的农村社会保障体系,大部分农村人口并没有享受到社会保障给他们的生活带来的福利和帮助。另外。近些年来失地农民和农民工群体大量增加,而一些不合理的制度使这些特殊的农民群体被排斥在社会保障体系之外,形成了新的弱势群体。

二、覆盖面小、保障水平低

(一)农村社会保障覆盖面小

当前我国农村的社会保障制度主要是以养老、医疗为重点的社会保障工作在部分区域试行,并没有按法律、政策的规定,把凡是符合条件的农民都纳入社会保障。这样做的结果是,本应由社会统一承担的社会保障项目转嫁给了社区集体或企业,变成了"企业保障"、"社区保障",加重了村集体与企业的负担,使得农村集体经济的发展受到了阻碍。

(二)农村社会保障水平低

据我国有关部门的统计,全国农村有 301.5 万"三无"孤老残幼人员,其中集体供养、分散供养 229.2 万人,占 76%;国家定期救济的人数为 24.1 万人,占 8%;由农民代保代养的约占 5%;应保未保的"三无"孤老残幼尚有 15 万人,约占总数的 5%。此外,在农村城镇化和农村剩余劳动力转移的过程中,一部分农民处于社会保障的真空地带。社会救济对象和优抚对象保障标准低,生活相对贫困,退伍军人和残疾人就业安置难度大,优抚事业的发展与其承担的任务极不相适应。

三、资金投入不足

改革开放以来,我国经济经历了长期快速发展,国家经济实力显著增强,GDP 总量持续增长。以 2006 年为例,我国的 GDP 为 209 407 亿元,国家财政支出用于社会保障的比例,已经从 1998 年的 5.52% 提高到 2006 年的 11.05%(国际上通常把社会保障支出占国内生产总值的比重作为衡量社会保障支出水平的主要指标),而发达国家的社会保障支出早在 20 世纪 90 年代中期,就已经占到 GDP 的 1/3 左右。另外,我们也应该注意即使是这 11% 的社会保障支出,其中的绝大部分也被占总人口 30% 左右的城镇居民所享受,而占总人口 70% 左右的农民享受的社会保障支出却低得可怜。由此可见,我国的社会保障支出不仅存在总量不足的问题,也存在分配不公的问题。

近年来,国家虽然加强了对农业的关注度也增加了对农村民政社会保障的投入,比如国家多次调整优抚对象的抚恤标准,并增加自然灾害救济经费,但是其增加的速度远远低于物价上涨的速度。由于物价上涨,特别是粮食价格的上涨,原来核定的社会救济费,其保障能力只有原来的一半甚至1/3。另外,军烈属优待、五保供养采取农民负担的方式与对优待金、五保供养经费调整的需求已不相适应。随着农村经营方式和分配方式的变革,军烈属优待、五保供养方式由原来生产队集体经济负担变为一家一户农民负担。

四、缺乏统一有效的管理机制

(一)农村社会保障管理散乱

我国农村社会保障目前的基本状态是城乡分割、条块分割、多头管理、各自为政。各个保障项目条块之间既无统一的管理和协调机构,也没有无统一的管理立法,社会保障责任不明确,导致多项政策的执行大打折扣。从管理机构上看,部分地区在国有企业工作的农村职工的社会保障统筹归劳动部门管理,医疗保障归卫生部门和劳动者所在单位或乡村集体共同管理,农村养老和优抚救济归民政部门管理,一些地方的乡村或乡镇企业也推出了社会保障办法和规定,有的地方的人民保险公司也搞了农村保险。如此多的管理机构在农村保障措施实行的过程中很难相互协调,彼此沟通。

(二)农村社会保障资金管理不规范

就目前状况而言,我国的农村社会保障体系的资金管理机构和管理方式并没有明确的法律规定也没有有效的制度来约束,因此农村社会保障资金管理混乱,很难实现增值。一般来说,社会保障制度需要强有力的法律法规来支撑,而我国农村社会保障方面的法制尚不完善,甚至到目前为止,还没有一部专门调整社会保障关系的基本法律,这使得我国农村社会保障制度的法律基础十分薄弱,难以经受住我国复杂的社会保障形式的考验。

(三)管理制度不健全,缺乏专业人才

我国农村的生活习惯和社会环境比较复杂,农村社会保障制度实施起来要特别注意执行方式的灵活性。可是就目前来看,有着丰富农村工作经验的专业社会保障制度制定和实施人才十分缺乏,加上机构设置不健全,使得我国当前农村社会保障制度在实施的过程中出现了各种各样的问题。从政策可持续性上来看农村社会保障的改革和创新似乎成了一些基层农村干部政绩考核的主要指标,偏离了制度改革的目标,有些地区甚至出现了对基层工作实行"养老保险一票否决制",其结果往往是与目标背道而驰。

第二章　我国新型农村养老
保障制度的建设

我国的农村养老社会保障体系将会在未来的发展过程中成为我国农村普及范围最广、涉及对象数量最大的社会保障项目,同时也将成为最难应对的社会保障项目。这是由于有太多难以改变的因素制约了我国农村养老保障制度的发展。因此,我们不能按照传统的思路继续发展农村养老保障制度,而是应该在传统中改革,在改革中创新,开辟一条全新的发展农村养老保障制度的路线。

第一节　我国农村养老社会保障的
发展历程与现状思考

我国的农村养老社会保障制度在历史发展中从大体上来说一共经历了三大阶段,在经过三个阶段的改革和创新之后,我国的农村养老保障制度迎来了新的发展和进步。但同时,我们也应当看到,几十年的改革并没有完全改善我国传统的农村养老社会保障制度存在的问题,我国的农村养老社会保障体系还是存在一系列的问题需要克服和解决。

一、我国农村养老社会保障制度的发展历程

从中华人民共和国建立到现在,我国的农村养老社会保障制度的发展共经历了三个比较大的阶段。

(一)1949—1982 年的我国农村养老社会保障制度

从 1949 年到 1982 年这段时间属于我国农村养老社会保障制度发展的第一个阶段,在这个阶段中,我国的农村养老社会保障制度具有明显的互助倾向,就是利用集体经济,实现互助养老保障。在这一阶段,我国农村养老

社会保障制度的取向是"低效率的公平"。

在我国农村养老社会保障制度的第一个发展阶段的重要事件就是《劳动保险条例》的颁布,1951 年,我国《劳动保险条例》的颁布,正式标志着我国建立起了社会保障制度。但是《劳动保险条例》并没有将在当时占有总人口 90%以上的农民纳入保障对象当中。在当时的环境下,农村人口并没有一项完善的法律条款或规定来保障其社会保险,因此,当时的农村养老社会保障还停留在非常基础的状况,只有少数没有劳动能力且无依无靠的老人、残疾人以及孤儿才能享受社会保障,更不要提社会保障中专门的养老保障了。

(二)1982—2002 年的我国农村养老社会保障制度

改革开放以来,我国的农村经营制度从原来的集体保障模式转变为家庭联产承包责任制模式,这使得相应的农村的养老保障制度也经历了又一次改革。在这个阶段,我国的农村养老社会保障制度的政策具有明显的土地养老倾向,也就是依靠土地和家庭,鼓励农村人民自愿储蓄建立养老保障。在这个阶段,我国的农村养老社会保障制度改革得到了更进一步的推广,主要可以分为以下几个阶段的工作。

1. 1982—1986 年的我国农村养老社会保障制度

这一时期,我国经济体制改革的核心是转变企业经营机制、增强企业活力,实行以承包为主的多种形式的经济责任制。1984 年,国家在全民和集体所有制企业开始了退休费用社会统筹的试点。社会保障改革的指导思想定位于服务企业改革的需要。

2. 1986—1992 年的我国农村养老社会保障制度

"社会保障"这一概念在我国最早被提出是在 1986 年,当时中国共产党首先在党的文件中提到这个词,并将社会救助、社会保险、社会福利以及优抚安置都纳入社会保障的体系当中。从 1986 年起,我国民政部首先对农村养老社会保障制度进行了改革,改革的重点是建立具有现代意义的中国农村养老社会保险制度,并在全国一些城市展开了试点工作。但是由于种种原因的限制和制约,试点工作并没有获得成功。1991 年,国务院决定由民政部负责开展农村养老保险工作,民政部在深入调查、取证的基础上,制定了《县级农村社会养老保险基本方案(试行)》,并在山东省一些地区进行了大规模地试点,取得了较大的成果。

3. 1992—1998 年的我国农村养老社会保障制度

1992 年至 1998 年为社会保障改革的推广阶段,1992 年 1 月,民政部颁布《县级农村社会养老保险基本方案》,引导农村养老保险能在全国农村地区大规模的展开,在这一阶段,农村养老保险的参保人数不断上升。

4. 1998—2002 年的我国农村养老社会保障制度

从 1998 年到 2002 年是我国农村养老保险制度改革的整顿阶段。1998 年之后,经历了一段时期的快速发展,我国的农村养老保障制度的发展陷入了停滞状态。劳动与社会保障部开始接手农村社会保障制度的相关工作。1998 年,我国国务院提出,我国当前还不适合在全国范围内普遍实行农村养老社会保障制度,因此不再接受新业务,而是对已经存在的业务进行整顿。

(三)2003 年至今的我国农村养老社会保障制度

经过了短暂的改革失败,我国的农村养老社会保障制度的发展迎来了恢复阶段。党的十六大之后,中央加强了对"三农"问题的重视和解决力度,"科学发展观"的提出更是为农村养老社会保障制度的发展奠定了理论基础。

2004 年至 2005 年,关于农村问题的两个一号文件相继发布,这体现了我国政府在解决农村养老保障问题上的决心。在这种大环境下,东部一些地区逐渐开始恢复探索建立农村社会养老保险的政策。

二、我国农村养老社会保障制度的现状思考

(一)我国目前农村存在的养老方式

中华民族素以尊老、敬老、养老为重要的传统美德。新中国成立以来,随着社会制度的变革和农村养老社会保障制度的改革,我国农村的养老方式也发生了一些变化。目前,我国存在的农村养老方式主要包括家庭养老、自助养老、社区养老及社会养老四种方式。

1. 家庭养老

家庭养老是最为传统的一种养老方式,是指以血缘关系为纽带、由家庭成员对上一辈老人提供衣食住行等一系列保障的养老方式。家庭养老实际上就是在家庭内部进行的一种"反哺式"的养老方式。1996 年,我国颁布的

《中华人民共和国老年人权益保障法》对老年人应当得到赡养做出了明确的规定,使得家庭养老这种方式得到了法律上的确认。家庭养老是我国实行最普遍的养老方式,统计数据显示,我国农村养老保障中有 92% 都选择了家庭养老这种方式。

2. 自助养老

自助养老是指农村当中部分老人在年轻时通过种植、手工业或其他工作积攒了一定的储蓄,在年老时不需要下一代的赡养就可以自己养活自己的一种养老方式。自助养老会随着农村经济的发展而逐渐扩大规模,也将成为我国农村养老保障发展的趋势之一。

3. 社区养老

社区养老就是指农村的基层组织给"三无"(无依无靠、无劳动能力、无生活来源)老人提供的一种养老保障。社区养老主要给老人提供吃、穿、住、医、葬等方面的保障。

社区养老一般情况下包括两种形式,一种是分散养老,是指农村基层组织将老人托付给老人的邻居供养,供养老人所需的生活资料由集体提供;另一种是集中养老,就是将老人集中到养老院或其他养老机构供养,养老费用由政府财政拨款、农村其他乡民筹集等方法获得。

4. 社会养老

社会养老是国家或各级政府组织的一种社会保障制度。社会养老的资金由政府、集体与个人共同承担,主要是为老年人提供基本的生活保障。社会养老方式在世界很多发达国家已经成为被普遍采用的一种养老方式。社会养老的优势在于能够减轻个人及家庭的负担,并且能给老人提供较为稳定的基本保障,因此被认为是我国未来农村养老社会保障制度发展的重要方向。

(二)我国目前农村养老社会保障制度的内容

1. 我国农村社会养老保障制度的基本原则

目前我国农村养老社会保障制度发展的基本原则主要包括四方面内容。

(1)坚持低保障标准,农村养老社会保障应当以保障农村老人的基本生活为目的。

(2)坚持养老保障资金的筹集以个人为主、集体为辅的原则。

(3)坚持自助为主、互济为辅、储备积累的原则。

(4)坚持农村各类工种人员的养老保障制度一体化原则。

2. 我国农村社会养老保障制度的基本内容

基于以上基本原则,我国农村社会养老保障制度的基本内容主要包括:

(1)参保范围:我国农村社会养老保障制度的参保范围包括非城镇户口、不由国家供应商品粮的农村人口,参保人可在20周岁到60周岁进行投保,在60周岁以后开始领取养老保险金。

(2)制度模式:我国的农村社会养老保障制度实行基金积累式的个人账户制度。基金积累式的个人账户制度是指为每一个参加养老保险的农民建立其个人账户,个人账户属农民个人所有,养老保险需要的资金在这个个人账户里进行积累和计账。

(3)基金筹集:在农村社会养老保障制度的基金筹集上,我国主要遵循"个人为主、集体为辅、国家予以政策扶持"的原则进行。个人缴费要达到所需费用的一半以上。

(4)缴费方式:在缴费方式上,设立从每月2元、4元、6元、8元到10元、12元、14元、16元、18元以及20元十个档次,参保人员可以根据自己的实际情况选择具体缴费的档次。

(5)养老金计发方法:在我国,达到60周岁的农村老人可以领取养老金,领取金额根据个人账户的积累数额和平均预期寿命进行计算确定。

(三)我国目前农村养老社会保障制度存在的问题

在我国长久的农村养老社会保障制度的发展历程中,我们发现,经过多次的改革和创新,仍然存在很多需要解决的问题。

1. 参保率低、覆盖面窄

参保率低和覆盖面窄一直是我国农村养老社会保障体系在发展过程中面对的问题,在改革取得重大突破的1997年,我国共有31个省的2 000多个县先后开展了农村养老社会保障工作,但是参加社会养老保险的农村人口只有8 000多万人,还不到全国农村人口的10%。除了参保率低之外,根据数据分析,参加养老保险的人口主要集中在中青年这个群体,而真正应该享受养老保险福利的老年人却并没有获得应有的权利。

同时,由于我国的农村养老保险遵循自愿原则,因此,目前农村养老社会保险工作开展较好的大多是经济发展较为发达的地区，而经济发展相对落后的地区的参保人数就更加少，这造成我国农村养老社会保险地区分布不平衡的状况。

2. 缺乏社会保险应当具备的社会性和福利性

"风险共担、互助互济"是所有社会保险都应当遵循的原则之一。但是这一项原则在我国的农村养老社会保险制度中却很难体现。首先，由于我国的农村养老社会保险制度遵循"个人为主、集体为辅、国家予以政策扶持"的缴费原则，个人承担了大部分的养老金费用，因此要承担更多的保险风险；其次，我国的农村养老保险中并没有体现出政府的政策扶持；再次，由于我国一部分农村地区经济发展相对落后，集体更是很难筹集资金补贴给农村养老保险的参保人员。这些因素都导致了我国的农村养老保障体系缺乏社会保险应当具备的社会性和福利性两大重要特征。

3. 制度上存在不稳定性

我国各地的农村养老保险制度基本上都是在民政部颁布的《县级农村社会养老保险基本方案》的基础上形成的，因此这些政策和措施大多缺少法律上的保障，直接导致各地在建立、撤销养老保险以及筹集、运用养老保险金的问题上总是按照行政部门的意见来执行，而无法可依，最终导致养老保险的福利并不能直接造福农村居民，而是成为行政官员创造行政成绩、获得私利的途径。

4. 养老金保值增值难度大、基金流失严重

按照我国民政部颁布的《县级农村社会养老保险基本方案》的规定，养老金不能用于直接投资，而只能通过购买国家财政债券或存入银行来保值和增值，这样就大大增加了养老金保值、增值的难度。同时，为了平衡运行资金，国家下调了养老保险的账户利率，这使得农村居民获得的养老保险金直线下降，农村居民对养老保险的稳定性和保障水平也提出了质疑。

5. 保险水平过低

我国的农村养老社会保险制度还存在一个非常致命的问题，就是保险水平过低，农村居民的生活水平和生活质量很难得到真正的保障。由于我国农村居民并没有对养老保险制度存在很大的信任，因此，往往会选

择缴费档次最低的缴费金额,这就造成农村居民每个月获得的养老保险金数额很小,仅仅高于各地区的最低生活保障标准。也就是说,我国的农村养老保险只能保障农村居民的最低生活水平,而没有起到真正的养老保障作用。

第二节　我国农村养老社会保障制约因素的定性分析

我国农村养老保险一直存在参保率低、覆盖面窄的问题,那么这些问题都是由哪些制约因素决定的? 这些制约因素又是从哪些方面对我国的农村养老社会保障体系产生影响的? 这些都是本节要详细研究的内容。

一、我国老年人口的分布状况和劳动现状

(一)我国老年人口的数量及其分布

表 2-1 是我国老年人人口数量及其分布情况(截至 2006 年 6 月)。

表 2-1　我国老年人口数量及其分布状况

老年人口地区分布(万人)			老年人口年龄分布比例(%)			老年人口男女分布比例(%)		老年人口受教育比例(%)	
全国	城市	农村	60—65 岁	65—80 岁	80 岁及以上	男性	女性	城市	农村
14 657	3 856	10 801	30.3%	59.2%	10.5%	48.9%	51.1%	83.6%	48.6%

(资料来源:国务院人口普查办公室,国家统计局人口和社会统计司)

从上表中我们可以看出,我国农村的老年人口数量远远大于城市的老年人口数量,而且城市老年人口的受教育程度远远高于农村老年人口。我国的高龄人口,也就是年龄在 85 岁以上的老年人口,占到了所有老年人口的 10.5%,而且随着科学技术和社会经济的发展,相信未来我国高龄人口的数量占老年人口的比例还会持续上升。

(二)我国老年人口劳动参与率

图 2-1 为 2005 年我国老年人口参与劳动的比例分布。

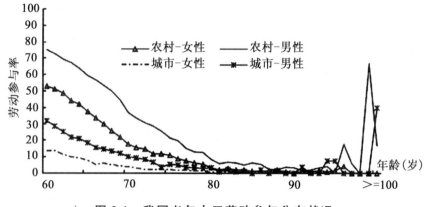

图 2-1　我国老年人口劳动参与分布状况

从上图中可以看出,我国的老年人口参与劳动的比例还是较高的,其中,60—75 岁老年人参与劳动的比例较大,随着年龄的增长,参与劳动的比例呈逐渐下降趋势。

比较城乡老年人劳动参与比例的年龄变化曲线可发现,劳动者在农村人群中的比重高于城市,农村老年人中的劳动比例均超过同龄的城市人群。此外,比较参与劳动的男性老年人口和女性老年人口可以发现,城市和农村人群中参与劳动的男性老年人口均多于女性老年人口。在城乡老年人群中,农村老年男性中参与劳动的比例最高,农村老年女性次之,城市老女性参与劳动的比例最低。

(三)我国老年人口的生活来源

表 2-2 为 1994 年和 2004 年,我国老年人口的生活来源的构成比较。

表 2-2　我国老年人口的生活来源

主要生活来源(%)	2004 年			1994 年		
	合计	男	女	合计	男	女
劳动收入	19.3	25.8	13.0	25.0	37.5	13.6
离退休金	31.5	39.3	24.0	15.6	22.5	9.4
家属供给	45.0	31.4	58.2	57.1	37.9	74.7
社会保险或救济	2.0	2.0	2.1	1.2	1.4	1.1
其他	2.1	1.5	2.7	1.1	0.8	1.3

从上表中可以看出,2004 年,我国老年人口的生活来源主要还是来自家属的供给,离退休金在老年人口的生活来源中排在第二位,与 1994 年相比可以发现,依靠家属供给的生活来源虽然仍然排在第一位,但是比例已经有了大幅下降。同时,更多的老年人口可以通过自力更生的方式养活自己。

二、制约我国农村养老社会保障发展因素的定性分析

我国的农村经济发展还较为落后,农民并不富裕,因此,农村养老社会保障制度将会在长时间内对于保障农村老年人口生活产生重要影响。但是我国的农村养老社会保障制度在发展过程中仍然面临着一些不小的挑战。

(一)计划生育政策的推行缩小了农村家庭规模

随着我国计划生育政策的推行,农村常住人口数量大幅度下降,从 1978 年户均 5.7 人下降到 2003 年户均只有 4.1 人,并会在未来相当长的时间内继续下降的趋势。

家庭规模的缩小意味着养老保险的风险不易被分担,在养老问题上表现为赡养系数的增加,这在一定程度上增加了农村养老社会保障制度的运行难度。

(二)我国农村人口老龄化问题日益突出

我国人口普查数据显示,截至 2005 年,我国 60 岁以上的老年人口已经接近了 1.44 亿,其中近 60% 分布在我国农村地区。我国农村地区已经进入了老龄化,这给农村养老社会保障制度的发展带来了不小的困难,我国农村养老保障制度必须尽快建立完善。

(三)农村土地收入得不到保障

随着我国农村家庭联产承包责任制的实行,农村集体经济受到很大打击,没法再为贫困家庭提供经济帮助。同时,由于土地规模较小且流动性差,因此,土地收入不能稳定地保障农村人民的生活质量。由于农业生产率低、产品价格不合理,因此,单纯依靠农业的生产和经营已经很难为农民提供生活保障,这使得对农村养老社会保障制度的需求更加急迫。

第三节 我国新型农村养老社会保障制度的发展

随着改革的不断运行,我国已经建立起了新型农村养老社会保障制度的初步模型,并从 2009 年起在全国范围内进行新型农村养老社会保障制度的试点工作。经过一段时间的试点和推广,新型农村养老社会保障制度已经在我国一部分农村地区得到了发展。

一、新型农村养老社会保障制度的试点工作

2009 年底,我国劳动与社会保障部门选择了湖北省为试点对象,在湖北省部分农村地区开始施行新型农村养老社会保障制度,并取得了一定的成效。

(一)试点工作成果

湖北省的新型农村养老社会保障制度的试点运行在 2009 年 12 月全面展开,共有 13 个县市区参与到这次试点工作当中。各地根据自己的具体情况对农村养老社会保险的制度进行制定和执行。湖北省人力资源和社会保障厅的数据显示,截至 2010 年 6 月底,湖北省共有 282.45 万人参与到这场试点工作中,参保率达到了 74.6%。

(二)新型农村养老保险的财政支持

试点工作小组对湖北省的宜都市和赤壁市的试点工作进行了数据统计,数据显示,2009 年,宜都市政府对新农保的财政补贴达到了 1 469.8 万元,占到该地政府预算的 2.15%;而在赤壁市,政府对新农保的财政补贴达到了 471.22 万元,占到该市一般预算的收入的 0.94%。

表 2-3 和 2-4 分别为宜都市和赤壁市的财政补贴状况统计数据。

表 2-3 宜都市财政补贴测算表

参保对象类别	人数	参保率(%)	补贴标准	补贴金额(万元)
一、缴费补贴	121 788	70.4		1 224.8
被征地农民	9 888	5.72	缴费基数的 75% 以及人平均 30 元	920

参保对象类别	人数	参保率(%)	补贴标准	补贴金额(万元)
农村低保户	3 900	2.25	30 元/人	11.7
残疾人	6 600	3.82	150 元/人	99
城镇居民	2 000	1.16	30 元/人	6
65 岁以上参保者	36 716	21.22		
60—64 岁参保者	36 684	21.2	30 元/人	110.05
新增参保对象	26 000	15.03	30 元/人	78
二、待遇发放补贴	49 014		5 元/人	245.07
合计	170 802			1 469.8

表 2-4　赤壁市财政补贴测算表

参保对象类别	人数	补贴标准	金额(万元)	项目
普通对象	151 120	10 元/年	151.12	缴费补贴
残疾对象	1 500	110 元/年	16.5	缴费补贴
村副职干部	700	80 元/年	5.6	缴费补贴
被征地农民	10 000	180 元/年	180	缴费补贴
计生对象	329	10、20、40、50 元/月	10	基础养老金补贴
被征地农民	1 800	300 元/年	54	基础养老金补贴
合计	1 65 449		417.22	

在上面两个表中,城镇居民由于参保情况复杂,因此,将参保补贴对象确定为 60～64 岁的男性以及 55～64 岁的女性;被征地农民对象剔除 16 岁以下和 65 岁以上两个年龄层的群众。

(三)试点地区财政支持的特点

通过对新农保的试点工作,以及对试点工作效果的分析和数据研究,我们可以总结出试点地区财政支持的特点主要表现在以下几个方面。

1. 对 60 周岁以上参保对象的补贴

在一些经济发展相对发达、地方财政实力较强的地区,地方政府都为 60 周岁以上的参保对象提供了除中央财政提供的基础养老金补贴之外的补贴,这项支出一般都会占到地方财政对新农保补贴支出的很大一部分比例。通常,地方财政给新农保参保对象提供的补贴为 5～30 元不等。

2. 对普通参保对象的缴费补贴

为了鼓励更多的参保对象积极加入新农保,各地都对参保对象进行了不同程度的缴费补贴,除了设立 100～500 元五个不同的缴费档次之外,还设立了 600～1 200 元几个不同的缴费档次,对于选择较高缴费档次进行新农保费用缴纳的参保对象,政府都会予以不同程度的补贴。

3. 对残疾对象的缴费补贴

农村养老保障制度相关政策明确规定,为了保障残疾对象得到基本的养老保障,各地政府应当为其缴纳最低标准的养老保险费。目前,试点地区财政主要采用100/年的缴费标准为残疾参保对象代缴养老保险费用。

4. 对其他参保对象的缴费补贴

针对其他参保对象,试点地区的新农保政策也提供了一些缴费补助。对于计划生育对象和被征地农民,政府会给予一定程度的缴费补助。比如说,钟祥市的新型农村养老社会保障制度的相关政策规定,对计划生育独生子的父母,予以每月 20 元的养老金补贴;对于计划生育独生女的父母,予以每月 40 元的养老金补贴等。

5. 对长期缴费的农民的鼓励政策

目前,很多试点地区都建立了缴费激励机制,以鼓励新型农村养老社会保障的参保对象能保持长期缴纳养老费用。

二、新型农村养老社会保障制度的特点

我国新型农村养老社会保障制度体现出了以下几方面的新特点。

(一)"统账结合"的财务模式

"统账结合"的财务模式是指社会统筹与个人账户相结合的模式。养老金的所有资金来源,包括个人缴费、集体和政府补助等,都要计入个人账户进行统一管理。而与城镇社会养老保险不同的是,新型农村养老社会保险的资金完全来自政府的财政支持。在新型农村养老社会保障体系中采用"统账结合"的财务模式,主要出于以下几点考虑。

1. 应对人口老龄化问题的需要

我国的人口老龄化问题越来越严重,尤其是在广大的农村地区,青壮年都外出务工,只有老年人和孩子留在农村。人口老龄化问题的加剧使得很多独自生活在农村的老年人得不到基本的生活保障。因此,采用"统账结合"的财务模式,能给农村老年人提供除了国家基本养老金之外的个人账户的养老补贴,给老年人的基本生活提供保障。

2. 体现权利与义务的对等

采用"统账结合"的财务模式能体现权利与义务的对等,突出农民养老的个人责任以及制度的公平性。

3. 实现未来流动人口城乡的衔接

随着市场经济的发展和城市的不断进步,会出现越来越多的农民进城务工,那么他们的养老保险金的领取以及养老保险账户的转移都成为需要面对和管理的一大问题。因此,采用"统账结合"的方式能很好地解决农村人口城乡流动的问题。

(二)自愿缴费中的强制条款

在资金筹集方面,新型农村养老社会保障制度采用个人缴费、集体补助、政府以政策支持的方式,保险制度共设立了从 100 元到 500 元五个不同的缴费档次,参保人员可以自由选择缴费水平。但是在现实生活中,由于相关法律规定,达到 60 周岁的老年人,只要其子女完成了养老金费用的缴纳,那么就可以领取养老金。但是由于农村老年人的子女可能不止一名,是不是老年人的所有子女都上缴养老金费用,老年人才有资格领取养老金? 又或者是不是如果有一位老年人的子女拒绝参保,那么老年人就无法领取养老金呢? 如果是这样的话,老年人领取养老金的资格就会完全受制于其子女,但是养老社会保险应该是一项人人享有的权利。这中间存在的矛盾是未来相当长一段时间内我国农村养老社会保障制度需要解决的问题。

(三)国家主导与财政补贴

新型农村养老社会保障制度采用以个人缴费为主、以集体和国家财政支持为辅的资金筹集方式,即在强调个人责任的基础上,体现一定的国家责任。我国新兴农村养老社会保障制度对国家应当予以补助的范围和责任进行了明确的规定。

1. 地方财政补助范围和标准

新型农村养老社会保障制度规定,地方政府有责任对新农保的参保对象进行财政补贴,补贴标准不低于每人每年 30 元。对于自愿选择较高缴费标准的参保对象,应适当予以鼓励。针对农村部分重度残疾患者或其他缴费困难的群众,地方政府应当为其代缴部分或全部参保费用。

地方政府除了对参保对象的缴费进行补助之外,还对参保对象领取的养老金进行补贴,地方政府可以根据具体情况适当调高养老金领取标准,也可以对长期缴费的农村居民进行一定的养老金奖励。

地方财政这种"既补进口又补出口"的双补模式有利于调动农民参与到新兴农村养老社会保障体系中的积极性,帮助困难群众参保,提高农村养老保险的参保率,扩大农村养老社会保障的覆盖面。

2. 中央财政补助及地区差异

我国新型农村养老保障制度充分强调了国家责任。凡年满 60 周岁的未享受城镇职工基本养老保险待遇的有户籍的农村老年人都可以领取养老金;而对符合条件的参保人员,政府有责任全额支付其每人每月 55 元的基础养老金。

这样的规定不仅体现了国家责任在社会保障体系中的作用,帮助缴费困难群众也能参与到新农保中来,很大程度上扩大了新农保的普及度和覆盖面,保证了农村养老社会保险的公平性、普惠性以及"保基本"的制度目标得以实现。这项规定是我国新农保最重要的特征之一。

中央财政和地方财政相结合的基础养老金以及地方政府对农村居民个人账户的补助能否及时到位决定了新兴农村养老社会保障体系是否能顺利运行。据测算,中央财政每年给东部地区提供的基础养老金补助数额大约为 105.728 7 亿元,给中西部地区提供的基础养老金补助数额约为 429.355 1 亿元;2008 年,我国中央财政收入 32 680.56 亿元,而对"新农保"的财政补贴只占到全年财政总收入的 1.64%,可以看出,中央财政完全可以担负得起"新农保"制度的财政补助。

同时,根据我国新型农村养老社会保障制度的规定,地方财政对农村养老保险的补助也应当达到最低标准。每年,我国地方政府提供给"新农保"的补助数额大约为 245.126 2 亿元,只占到地方年财政收入的 0.855 6%,也就是说,"新农保"对地方财政提出的最低补助标准对于地方政府来说也不是非常大的负担。但是由于地区经济发展的不平衡,我国中西部地区的地方财政压力依然很大,因此,在未来新农保的改革和发展过程中,怎样降低中西部地区的财政压力,提高中西部地区农民新型农村养老保险的参保率是非常重要的问题。

(四)基础养老金的福利性质

随着农村经济体制的改革,我国的广大农村地区也开始进入社会转型期,文化观念和阶层结构发生了巨大的变化,传统的家庭养老模式失去了存在的基础的观念依据。现在我国农村的很多老年人,由于年级逐渐增大,劳动力逐渐丧失,已经无法为自己创造出生活来源了,而年轻时辛苦赚来的积蓄也几乎用在了儿孙身上,虽然传统的家庭养老模式还是存在,但是随着老年人在家庭中地位的下降和对家庭贡献的减少,人们日益淡薄的赡养老人的观念还是给农村老年人的生活造成了影响,很多老年人经历着社会地位和家庭地位同时下降的双重心理伤害。

新兴农村养老社会保障体系给农村老年人提供的基础养老金,是独立于个人缴费所获得的养老金之外的福利性养老金,虽然这部分资金不能对农村老年人生活的改善起到重要的作用,但是却能使老年人获得一部分自由支配的资金,为改善自身生活标准、降低对子女的依赖起到一定的作用。

第四节　我国农村养老社会保障
制度建设的政策及建议

在我国建立健全农村养老社会保障制度是一项复杂的系统工程,关键在于制度的创新和改革。我国已经在实行当中的新型农村养老社会保障体系仍然存在一些缺陷。因此,我国政府应当尽快出台相关的法律规定,对农村养老社会保障制度进行立法保障,同时,要完善政策,采取多项措施,推动我国农村养老社会保障制度的进一步发展和体系的建设。

一、提高土地保障的功能

提高土地保障的功能具体来说要做到两方面,一方面是要通过政策支持和组织措施进一步保障农民通过耕种或其他土地作业的收入,同时减少农民生产、经营土地的风险;另一方面,要推进多样化土地养老保障措施的发展和施行。

提高土地保障功能的例子很多,比如说,在越南和东帝汶等国家推行的"养老米"制度;在韩国推行的夫妇优待计划等。

二、妥善处理失地农民的养老保障

土地是农民获得经济和收入来源的重要因素,失去了土地就意味着农民的生活无法得到基本的保障。目前,农民失地已经成为我国最大的社会问题之一,因此要妥善处理好失地引发的土地转让、土地征用等问题,推动《失地农民权益保障条例》的建立和施行,保障农民的合法权益不受到侵犯,兑现土地补偿金,并利用养老金个人账户的功能安排失地农民进城入住、就业等。

三、从条件允许的地区做起

我国要想扩大农村养老社会保障制度的覆盖面就应该先从经济发展相对发达的地区做起,一步步扩散到全国其他农村地区。坚持"分类指导、以此推进"的原则,在以下地区逐步开展农村养老社会保障工作。

(1)农民收入相对稳定,基尼系数(衡量某地区的贫富差距的系数)为0.35左右的地区。

(2)政府或社区、基层组织有条件为农民提供养老保险金缴费补贴的地区。

(3)金融机构服务网络相对接近农户的地区。

此外,针对某些特殊群体,国家应加快出台相关政策,帮助其尽快具备条件,从而成为农村养老社会保障体系的受保对象。

四、充分利用金融资源、节约制度成本

随着科学技术的发展,信息技术和计算机技术在金融服务和监管体系中开始扮演越来越重要的角色。政府只需要投入较少的资金,就可以在网络系统中建立管理农村养老社会保障体系的管理平台。

此外,利用金融资源的渠道帮助农村居民建立养老保险个人账户也是重要的推动养老保险在农村持续发展的可行措施。

五、扩大农村养老保险覆盖面

我国加入世界贸易组织之后,城乡协调发展的速度进一步加快,大量农村人口进城就业,因此,在这样的环境下,农村养老社会保障体系既要满足

大量进城务工农民的需求,同时也要适应城镇基本养老保险制度改革的需要。因此,我国的农村养老保险应当覆盖到所有拥有承包权的农民,无论他们处于怎样的就业状态。

六、尽快建立完善农民养老保险金个人账户制度

建立完善农民养老保险金个人账户制度对于推动养老保险制度在我国广大农村地区的发展至关重要,养老保险金的农民个人账户应该具备以下特征。

(一)多方筹集资金

农民养老金个人账户应该遵循多方筹集资金的原则,以个人出资为主,集体给予一定数额的补贴,政府则应当予以政策扶持。当农民的个人账户数额达到一定数字时,政府就可以不再继续资助。政府予以帮助可以采用以工代费的方式,没有经济条件缴纳养老金费用的农民可以参加地方政府组织的公益活动,劳动换来的收入可以用来抵扣养老金应纳费用。

政府应当对农民享受优惠税收政策的限额进行确定,保障社会公平、避免某些人利用养老金个人账户进行逃税。同时,政府应当指导农民管理自己的个人账户。

(二)农民自己开设个人账户,参与管理

养老金个人账户的开设要以"信息共享、节约成本"为主要原则,个人账户由具有托管资格的银行保管,并负责向参保人公布信息。农民、集体以及政府补助的费用全部计入个人账户。停止原来由农保代办员对养老保险费进行管理的方法,而是由农民自己开设养老金个人账户,并对自己的账户进行管理。

(三)推动养老保险金个人账户的弹性最大化

推动养老保险金个人账户的弹性最大化就是指实现个人账户的可移动性,提高个人账户的灵活性,比如进城务工农民的养老金个人账户要能方便携带,保证参保人员随时随地都能进行养老保险的办理、缴费、查询等业务。同时,在信息技术的支持下,实现养老金个人账户的缴费方式、转账、中止及恢复等功能的信息都能得到灵活、便捷处理。

(四)建立封闭管理的锁定账户

封闭管理的锁定账户就是指在农民将养老保险金缴费上传至中央农保

托管基金的整个过程中不进行任何中断或经营,而上缴完成的养老保险金在参保人员达到养老金领取年龄之前都不得领取。托管银行对这些账户进行投资运营,但是托管银行不得向参保对象征收工本费,而是应当以经济规模进行抵扣。

七、运行农保基金托管制度

运行农保基金托管制度要以"安全托管、独立运营、有效投资"为基本原则和前提,具体运行措施如下。

(一)托管银行建立和运营养老金账户系统

封闭运营的养老保险金个人账户系统应当由具备托管资格的银行进行统一管理,保证农民的养老金缴费能在规定时间内进入个人账户,并可以被投资或进入增值过程。

(二)建立中央农保信托基金和管理机构

建立中央农保信托基金和管理机构,在农村养老保险发展相对成熟的地区可以建立省级农保信托基金。农保基金应当实行市场化的运营模式,依法设立委托人、受委托人、账户保管者和投资管理员。农保信托基金管理机构需要完成以下任务。

(1)确定并委托管理养老基金账户的托管银行。

(2)对农保基金投资管理机构进行选择和监督,并依法制定合理的投资计划。

(3)对外公布信息。

(三)建立省级"农保基金理事会"

省级"农保基金理事会"的职能就是代表农村养老保险参保人员,对农保基金账户以及投资管理的监督机构进行管理和监督,并对外公布信息。省级"农保基金理事会"的委员会成员由地方人大、司法部门员工、政府相关部门人员和参保人代表共同担任。

(四)建立农保基金运营监管制度

建立农保基金运营监管制度,将农保基金纳入劳动和社会保障的社会保障基金的监管范围,并对其进行全方位管理和监督。同时,要依法对参保人员、中介机构以及社会舆论对农保基金的监督权进行保护。

八、建立高效的农保管理和监督体制

由劳动和社会保障部门负责,在全国范围内建立垂直的农保管理和监督体制,对政策的制定、综合信息的汇总进行操作和监督。各地区劳动和保障部门要根据上级部门的相关指示,对具体的执行政策和方案进行制定,并对本地区的具体农保工作进行指导和管理。

九、保证农民对养老金缴费方式的选择权

参加农村养老社会保障的农民人口众多且拥有完全不同的生活环境和经济状况,因此,应当保证农民在选择养老金缴费方式时有适当的选择权,坚持"自主选择与法定选择相结合"的原则进行养老金领取方式的确定。鼓励农村居民定期按月支付养老金费用;并鼓励包括政府经办机构在内的社会各界养老金经办机构展开市场竞争,提高农村居民选择经办机构的自主权和选择余地。

第三章 我国新型农村医疗保障制度的建设

当前"看病难"已经成为普通群众所公认的一个问题,尤其是对于基础设施不健全的农村地区来说,就更是如此。我国农村人口在全国总人口中仍占据着庞大的份额,因此,尽快建立起完善的新型农村医疗保障制度,解决农民"看病难"的问题是极为有必要的。这不仅可以提高农村人民的身体素质,更有助于实现整个社会的长治久安,为我国经济的发展提供一个良好的环境。

第一节 农村医疗保障制度概述

近年来,随着我国经济的不断发展,虽然农民的生活水平有了一定的提高,生活环境有了一定的改善,但是从整体上看,农村医疗保障事业却长期处于落后的状态,大部分农民的生、老、病、死都是由个人或是家庭来承担。据统计,我国农村因病致贫、因病返贫的居民占贫困人口的三分之二,可见农村医疗问题已经直接影响到了农民生活水平的提高和农村经济社会的发展。

一、农村医疗保障制度的含义

农村医疗保障体系,是指国家和社会针对农村的实际情况,依法制定的有关疾病预防、治疗等保护农民生命和权利不受侵犯的各项政策与制度的总和。从形式上看,其主要是由农村合作医疗制度、医疗救助制度、家庭保障、商业保险等组成;从内容上看,其包括医疗设施、医保资金、医护人才、妇幼保健、疫病控制、卫生监督、健康教育等方面。

我国农村医疗保障制度中最主要的一项内容是合作医疗。从理论上来说,合作医疗制度主要是依靠社区居民的力量,按照"风险分担,互助共济"

的原则,在社区范围内多方面筹集资金,用来支付参保人及其家庭的医疗、预防、保健等服务费用的一项综合性医疗保健措施。从 1959 年到 20 世纪 80 年代,合作医疗制度成为我国一项最主要的医疗保障制度,其覆盖率达到了全国行政村(生产大队)的 90%,被世界银行和世界卫生组织誉为"发展中国家解决卫生经费的唯一范例"。

除医疗合作制度外,我国还有几种其他形式的医疗保障制度,但是其在农村医疗保障中并没有发挥出应有的作用,主要表现在以下几个方面。

(1)从当前我国对医疗保险制度的改革来看,其主要的保障对象是城镇企业的职工和国家行政事业单位的工作人员,而中国人口中绝大多数的农村人口却没有在这项制度的保障范围之内。

(2)农村中所制定的社会救助,其主要针对的是农村那些无依无靠、无生活来源、无法定赡养人(扶养人)的"三无"人员,对其实行的保吃、保穿、保住、保医、保葬(幼儿保教)的"五保"供养制度,其所针对的是农村中这些特殊群体的医疗保障,因此,其保障范围非常有限。

(3)农村中所推行的商业医疗保险,具有营利性质,并且是农民自愿参加的,通常投保费较高,因此收入较低的农民通常都不会参加此项商业保险。

从上述中我们可以看出,在农村中所实行的多种医疗保障制度,合作医疗是其中最主要也是最重要的一种形式,有的人甚至将农村的医疗保障制度直接就看作是合作医疗保健制度。

二、农村医疗保障制度建立的意义

(一)有利于解决农民"看病难"的问题,减轻农民的负担

我国城乡居民生活差距较大,农民收入水平普遍较低。对于患病家庭而言,疾病本身就是一个沉重的负担,再加上昂贵的医疗费用,这对本不富裕的家庭来说更是一次沉重的打击。因此,在农村流传着"救护车一响,一头牲畜白养;住上一次院,一年农活白干;致富十年功,大病一日穷"的俗语。而随着农村医疗保障制度的建立和不断完善,通过社会化的保障形式来减轻农民的医疗负担,可以从一定程度上缓解农民因病致贫的现象。

(二)有利于实现医疗卫生资源的公平配置

我国长期存在着城乡二元经济社会结构,这使得城乡居民的收入、卫生资源配置及社会保障水平等各方面都存在着很大的差距。在城镇职工已经

享有劳保医疗、公费医疗和基本医疗保险保障的前提下,很多农村地区却还没有建立起全面规范的医疗保障制度,全国的医疗、卫生资源都倾向于向城市地区倾斜。在这种情况下,只有建立和完善农民医疗保障制度,加大对农村医疗保障事业的支持,才能扭转卫生资源分配不合理的局面,从而减小城乡之间资源配置的差距,实现医疗卫生资源的公平配置。

(三)有利于促进农村经济发展,维护社会稳定

"身体是革命的本钱",只有农民有着强健的体魄,健康的身体状况,才能在付出努力的情况下不断提高自身的生活水平,为农村经济的发展做出贡献。随着我国经济的不断发展,虽然农民的收入以及生活水平都有了一定的提高,但是医疗费用的增幅却大大超出了农民收入的增幅。在这种情况下,农民收入低,依靠个人或家庭承担医疗费用所导致的"看病难"问题就更加凸显出来了。

农村医疗保障可以通过对收入的转移和资金的积累,从而为那些患有疾病的农民在资金上提供一定的帮助,减少了农民的财务风险,保障了农民正常的生产生活。这在一定程度上可以减少农村家庭因治病而返贫情况的出现,为农村经济的发展和解决社会问题起到积极作用。

三、我国农村医疗保障制度中存在的问题

(一)覆盖率低

2003 年卫生部组织的第三次国家卫生服务调查结果显示,虽然政府已经在大力推行农村医疗保障,但是仍有 79.1% 的农村人口还没有获得相应的医疗保障,他们大多还是自费看病。除此之外,在农村中所推行的新型合作医疗的覆盖率也只有农村人口的 20%,这个数字是远远低于城镇医疗保障覆盖率的。

(二)医疗卫生资源配置不合理

我国农村医疗卫生资源配置不合理主要表现在以下几个方面。

1. 各级医疗机构的资源配置不合理

我国的财政在进行分级管理之后,使得投入到农村卫生院的费用减少,卫生行政部门对农村卫生机构也没有进行有效的调控和监管,这就在很大程度上削弱了农村三级医疗卫生保健网的功能,从而导致网点业务的不足。

这种情况最终导致乡镇卫生院人员机构的重叠,人员臃肿及技术力量薄弱的问题比较严重。

2. 城乡之间医疗卫生资源配置不合理

由于城乡之间经济和地域之间的差距,使得农村人口占有的卫生资源要远远低于全国平均水平。虽然农村人口占据了全国人口的绝大部分,但是其可占用的卫生资源却不到全部资源的 20%。除此之外,发达地区的农村与欠发达地区的农村之间存在的差距也很大。由于财税体制的改革、机构臃肿、人员膨胀,使得广大中西部地区和欠发达地区的财政只能是"吃饭财政"或"借钱吃饭财政";而经济较为发达和财政略为盈余的地方,则又变成了"建设财政"和"政绩财政"。

3. 村级医疗点的分布不合理

由于我国农村地区分布广泛,再加上地域经济和交通等方面的差距,使得农村地区的医疗服务出现了很多的死角和盲点,导致村级医疗点的不合理分布。

(三)保障资金不足

农村医疗保障资金的筹集对农村医疗保障制度的可持续发展具有决定性的作用。很长时间以来,中央财政对农村医疗卫生和保障的投入持续不足,使得农村的合作医疗只能是采取农民个人和集体缴费的方式,给农民造成了很大的负担。随着农村税费的改革,造成地方财政紧张,很多农村地区的集体经济所剩无几,对农村卫生机构的补贴减少。与此同时,农民个人的筹资也出现了困难。由于消费支出的不断增长,而农村个人的收入却增长缓慢,使得农民的储蓄变少,很多农民的收入只能够维持家庭生活的基本开支,根本就没有多余的存款来缴纳医疗保障资金。因此,农村所推行的社会保障就缺乏稳定的资金来源,使得医疗保障项目难以进行落实,农村医疗保障工作缺乏必要的稳定性和持续性。

四、解决农村医疗保障制度中存在问题的措施

(一)大力引导农民参加医疗保障

虽然农村社会保障实行的是自愿的原则,不具有法律上的强制力,但是也不能对农村医疗保障职业的发展放任自流。农村医疗保障的发展在很大

程度上取决于群众对其支持的力度,而这又与日常开展的宣传教育工作的深度与广度之间有着密切的关系。当前,很多地区的农村对农村医疗保障的认识还不够,认为该项制度增加了他们的负担,这种认识是极为错误的。为了减少农民对农村医疗保障认识的误区,有必要在农村地区大力进行宣传工作,做好动员工作,提高农民的思想觉悟,积极引导农民参加农村医疗保障。

(二)实现农村医疗保障形式的多样化

我国各地的经济发展长期处于不平衡的状态,这也就造成了发达地区、欠发达地区、贫困地区农民之间的收入差距很大,人们的视野和思想认识等方面也存在着不小的差异,这就使得在全国范围内统一推行医疗保障制度变得不现实,各地应该从自身的实际情况出发,在"调整、进城、救助"的基本思路下,不断地探索适合农村特点的多形式、多层次的医疗保障制度,因地制宜建立起多层次的医疗服务体系,使多种医疗保障模式互为补充。

例如,对于高收入地区来说,可以逐步发展社会医疗保险或商业医疗保险,探索构建城乡医疗保障体系一体化的保障模式;对于中等收入的地区来说,可以大力发展新型农村合作医疗等保障形式;而对于贫困地区来说,可以以财政转移支付、直接补助为主,为农民提供安全、廉价、有效的基本医疗服务。

(三)加强对医疗保障制度的管理和监督

各地政府应根据本地的实际情况制定与之相适应的农村医疗保障制度管理办法与实施细则,各级医疗保障管理组织对资金筹集、报销比例与减免范围、财务管理等各个环节制定并落实相应制度。此外,还要加强对医药服务行业的监督管理,建立药品公开价格栏,实行药品价格透明化。严格监督"干部吃好药,农民吃草药"的情况,同时针对乡镇卫生院医疗设备落后的情况下,政府还应提高对其的关注和拨款力度,改善乡镇卫生院的医疗条件,增加卫生院的经费。制定并落实好医疗人员培养、培训、技术支持、经费补助的政策,实现以点带面,建设覆盖乡村的多层次医疗保障网络。在不断推进农村城镇化发展的过程中,实现与城镇医疗保障体系的对接。

(四)建设以大病统筹为主的新型农村合作医疗制度

我国农村实际的经济发展状况,决定了我国农村医疗保障制度的建设应以大病统筹为中心,采取国家、地方、个人共同筹资的办法扩大农村医疗保障制度的建设。农村医疗保障制度的建设,必须要将发展农村医疗保险作为重点,逐步建立起农村医疗工作评价体系,从而不断推动农村医疗保障制度的建设,使农村卫生事业不断发展壮大,最终解决农民"看病难"的问题。

(五)不断完善与农村医疗保障的相关的法律、法规

当前,我国农村社会保障的法制化与体系化正在不断健全,在这个过程中,也不能忽视对农村医疗保障制度的法制化建设。国家应该针对农村医疗保障的实行制定出相应的法律规范,以指导农村医疗保障制度的改革和建设。通过制定统一的农村合作医疗法,可以增强投保人、投保单位和承保单价的责任感,保护各方面的权益不受损害,同时还可以加强对农村医疗卫生部门的监督管理。对于各省、自治区、直辖市来说,其可以在农村合作医疗法的基础上,根据当地的实际情况制定出与之相适应的具体实施管理办法,以维护农村医疗保障的顺利实施与发展。

第二节　我国传统农村合作医疗保障制度的历史考察

在新中国成立后,随着我国社会性质和社会制度的变化,农村的生产组织形式和分配方式也发生了根本性的变化。随着党和政府对社会主义本质和发展社会主义生产力认识的不断深入,对农村的工作战略也进行了调整,农村的生产力水平、生产组织形式和分配方式发生了重大变化。与之相适应的是,我国农村的医疗保障模式大致可以分为两个阶段:第一个阶段是20世纪50年代至70年代末的传统合作医疗时期;第二个阶段是80年代至今对农村医疗保障的调整和重构时期。

传统合作医疗在我国农村社会发展中占据着重要的作用,从其产生到改革开放之前都在我国农村发挥着医疗保障的基础性作用,是我国农民自己创造的互助共济的医疗保障制度。对传统农村合作医疗保障制度的发展和历史进行回顾,有助于我国新型农村合作医疗制度的建立与发展。

一、我国传统农村合作医疗发展的历史过程

我国传统农村合作医疗保障制度发展的历史过程,从整体上看可以将其分为传统合作医疗的滥觞、发展、高潮和衰落四个阶段。我们可以从这四个方面,对传统农村合作医疗的发展有更为清楚的了解。

(一)传统合作医疗的滥觞

最初合作医疗的形成是在抗日战争时期。当时,解放区军民响应毛泽东同志"自己动手,丰衣足食"的号召,组织各种形式的合作社,其中就包括了医药合作社(卫生合作社)。

在新中国成立初期,尤其是在 20 世纪 50 年代农业合作化高潮时期,山西、河南、河北、湖南、贵州、山东、上海等地农村出现了一批由农业合作社举办的保健站和医疗站。到了 1956 年,全国人大一届三次会议通过了《高级农业生产合作社示范章程》,其规定:合作社对于因公负伤或因公致病的社员要负责医疗,并且要酌量给以劳动日作为补助。该章程的通过,首次为集体赋予了进入农村社会成员疾病医疗的职责。

当时的基本做法是:

(1)在乡政府领导下,由农业生产合作社、农民群众和医生共同筹资建保健站。

(2)在自愿的原则下,每个农民缴纳几角钱的保健费,免费享受预防保健服务及免收挂号费、出诊费、注射费(免"三费")。

(3)保健站挂签治病、巡回医疗,医生分片负责所属村民的卫生预防和医疗工作。

(4)保健站经费来源主要是农民缴纳保健费、农业社公益金提取和业务收入(药品利润)。

(5)采取记工分与发现金结合的办法解决保健站医生的报酬。

1956 年,河南省正阳县王店乡团结农庄创造性地提出了"社办合作医疗制度"一词。

(二)传统合作医疗的发展

1959 年,卫生部党组在《关于全国农村卫生工作山西稷山现场会议情况的报告》及附件《关于人民公社卫生工作几个问题的意见》中,肯定了人民公社社员集体保健医疗制度,并提出了具体建议:"关于人民公社的医疗制度,目前主要有两种形式,一种是谁看病谁出钱;一种是实行人民公社社员集体保健医疗制度。与会代表一致认为,根据目前的生产发展水平和群众觉悟程度等实际情况,以实行人民公社社员集体保健医疗制度为宜。其要点是:①社员每年交纳一定的保健费;②看病时只交药费或挂号费;③另由公社、大队的公益金中补助一部分。具体做法各地可根据当地条件制定。实行这种制度,对于开展卫生预防,保证社员有病能及时治疗和巩固公社的医疗卫生组织,都较为有利。"

1960年2月2日，中共中央转发了《关于全国农村卫生工作山西稷山现场会议情况的报告》文件，并要求各地都要参照执行，这对农村合作医疗制度的发展起了极大的推动作用。

1965年6月，毛泽东同志做出"把医疗卫生工作的重点放到农村去"的指示。同年9月21日，中共中央批转卫生部党委《关于把卫生工作重点放到农村的报告》，强调加强农村基层卫生保健工作，极大地推动了农村合作医疗的发展。1968年，毛泽东同志亲自批发了湖北省长阳县乐园人民公社举办合作医疗的经验，称赞"合作医疗好"。从此，合作医疗在全国蓬勃地发展起来。

(三)传统合作医疗的高潮

到了1976年，全国已经有90％的生产大队建立了合作医疗。当时在农村地区，集体是生产资料的所有者，因此村医务室有的是村集体所建，有的是公社所建，还有的是乡镇卫生院建立。合作医疗的费用在集体提留中预留。在实行合作医疗的地区，农民在村卫生室看病有的减免诊疗费（称为"合医"），有的减免药费（称为"合药"），有的两种费用均予减免（称为"合医合药"）。在经济较好的地方，到公社、乡里看病，也可以减免部分医药费。

1978年3月5日，全国人大五届一次会议通过了《中华人民共和国宪法》，其中的第三章第五十条规定："劳动者在年老、生病或丧失劳动能力的时候，有获得物质帮助的权利。国家逐步发展社会保险、社会福利、公费医疗和合作医疗等事业，以保证劳动者享受这种权利。"

到20世纪70年代末，全国已经有"赤脚医生"4 777 469人。卫生员1 666 107人，合作医疗的覆盖率达到了90％以上，其中80％～85％的农村人口享有基本医疗保健，基本做到了"哪里有人，哪里就有医有药"，"小病不出村，大病不出乡"。"合作医疗"（制度）与农村保健站及数量巨大的"赤脚医生"队伍一起，成为解决农村缺医少药的三件重要法宝。在新中国成立之前，我国人民的健康指标处于世界上的最低水平，而在此时期则一跃成为拥有最全面医疗保障体系的国家之一。甚至于世界卫生组织对中国农村医疗卫生事业所获得的巨大成功给予了高度的评价，将中国称为"发展中国家解决卫生经费的唯一范例"，并积极向其他发展中国家推荐中国农村医疗卫生发展的成功经验。

(四)传统合作医疗的衰落

在20世纪80年代，我国开始对农村经济体制进行改革，当以政治动员为核心的全能主义政治体制发生根本改变之后，合作医疗自然从强制性集体福利又重新回到了自愿性社区医疗筹资。卫生部在 1979 年底发布了《农村合作医疗章程》,其中明确规定农村合作医疗需要遵循"自愿互助"的原则。20 世纪 80 年代,政府对合作医疗的发展采取了放任自流的做法。从 1979—1989 年,中央政府几乎没有出台过关于合作医疗的任何官方文件。随着农村集体经济的解体,农村合作医疗制度也随之崩溃。到了1985 年,全国实行合作医疗的行政村由过去的 90% 迅速降到了 5%。据世界银行 1998 年 6 月的《卫生保健筹资报告》,至 20 世纪 80 年代末,中国农村人口中已有 90% 的人要为自己看病全额买单。农村合作医疗发展情况,如图 3-1 所示。

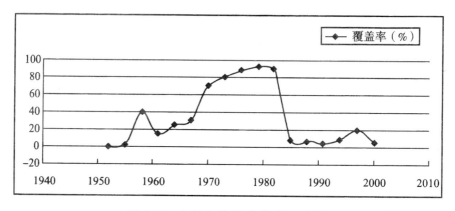

图 3-1　农村合作医疗的发展趋势

(资料来源:王延中. 试论国家在农村医疗卫生保障中的作用. 战略与管理,2001年第 3 期。)

二、传统合作医疗获得成功的经验

(一)农村集体所有的产权制度

中国在公社时期,合作医疗制度是一个以合作方式投资农村基层医疗保健设施从而改善供给的制度。在该时期,村级医疗卫生服务供给体系的建立和维持是以当时的农村产权制度作为保证的,集体是资金供给的主体,集体经济是资金的主要来源。在公社时期,服务的供方筹资对象和需方筹资对象都主要是集体,集体经济为传统合作医疗的发展提供了资金上的支持。乡村医生的收入可以通过工分的形式得到补偿,诊室、医疗器械可以通过集体经济来投资、维护,国家会对乡村医生进行免费的培训等。

(二)具有强制性的集体福利

农村基层组织实行了全民控制,这就有利于消除逆向选择的问题。当时人民公社是基层社会组织,其对管辖范围内的政治、经济、文化等方面都具有绝对的权利,任何农民个人都无法脱离公社而独立存在,因此其无论是正向还是逆向,根本就没有选择的余地。由于生产队掌握着收入的分配权,因此可以在进行年终个人收入分配之前,根据社员实际的家庭人口数从其应得的收入中扣除相应的合作医疗费上缴大队,这样就可以直接避免再次收取费用的程序。

(三)低廉的医疗费用

在计划经济体制下,低成本的医疗供给体系可以有效地同合作医疗整合,主要表现在两个方面:其一,政府享有医疗服务和药品资源配置的权力,并实施低价供给策略;其二,在该种经济制度下,困扰全世界医疗体制的供方诱导下过度消费的问题基本是不存在的。无论是赤脚医生(兼职的乡村卫生人员)、公社卫生员,还是县级及以上医疗机构的医务人员,他们的收入都是由集体或是国家规定的,这样就可以减少过多服务激励机制的出现,因此医疗服务的成本也不会提高。

对于医疗药品的价格,国家也会有计划地进行控制,从而保证其始终保持在较低的水平。由于没有高价高回报的激励机制,因此无论是赤脚医生还是各级医疗服务提供者,他们在基层集体组织的预算约束下,通常都会采用成本较低的针灸疗法和中草药。在医疗方针上,通常都是坚持预防为主,预防保健、妇幼保健在内的公共卫生运动通过合作医疗这个载体得到了有效的执行,从而提高了人们的健康水平,降低了发病率。据世界银行报道,在合作医疗最辉煌时期的 20 世纪 70 年代,合作医疗费用大约仅占当时全国卫生总费用的 20%。

(四)医疗卫生资源分配倾向农村

20 世纪 60—70 年代,政府在改变"重城市轻乡镇"的倾向方面进行了不懈的努力。例如,1975 年全国医疗卫生机构有病床 159.82 万张,其中市级床位数占 63.74 万张(占 39.9%),县级占 96.08 万张(占 60.1%)。从这些数字中我们可以看出,基层医疗单位占据了很大比例,也就是说,卫生投入的主要方向是农村的基层医疗机构。

(五)以基本医疗和预防保健服务作为保障目标

政府对公共卫生事业持续投资,使基本医疗保健服务得到广泛的可及性,农民的常见病、多发病都可以得到初步诊治。以预防为主,大规模开展预防接种、计划免疫注射和妇幼保健服务、卫生防疫。

(六)"救死扶伤"的价值取向

对于传统的农村合作医疗来说,其价值取向主要是提高全体农民的健康水平。但是合作医疗的服务总则是"救死扶伤",因为在集体经济的保障下,医疗机构不需要考虑经济上的得失。

第三节　我国新型农村合作医疗制度及其发展

2002年10月,《中共中央、国务院关于进一步加强农村卫生工作的决定》指出:要"逐步建立以大病统筹为主的新型农村合作医疗制度";"到2010年,新型农村合作医疗制度要基本覆盖农村居民";"从2003年起,中央财政对中西部地区除市区以外的参加新型农村合作医疗的农民每年按人均10元安排合作医疗补助资金,地方财政对参加新型农村合作医疗的农民补助每年不低于人均10元";"农民为参加合作医疗、抵御疾病风险而履行缴费义务不能视为增加农民负担"。

一、新型农村合作医疗制度的含义

新型农村合作医疗制度是由政府组织、引导、支持,农民自愿参加,个人、集体和政府多方筹资,以大病统筹为主的农民医疗互助共济制度。新型农村合作医疗制度的特点主要表现在以下几方面。

(1)多方出资,即由国家、个人和集体出资。

(2)政府必须履行职责,包括出资、组织、引导、规范与监督服务。

(3)以大病统筹为主,兼顾受益面,与各地经济水平和群众心理承受能力相适应的保障制度。

(4)是一种社区互助性质的医疗保障形式,所以必须坚持以自愿为原则,不能强迫命令。

(5)新型农村合作医疗与过去实施的合作医疗相比,它的"新"主要体现在以大病统筹为主、全县统筹、各级政府财政支付和设立专门机构管理等方面。

传统合作医疗与新型合作医疗之间的异同点,如表3-1所示。

表 3-1　传统合作医疗与新型农村合作医疗异同点比较

项目		传统合作医疗	新型农村合作医疗
目的		重点解决农民小病小伤	重点解决农民的因病致贫、返贫问题
目标			到 2010 年,新型农村合作医疗制度要基本覆盖农村居民
管理体制		对县及县以上管理组织的设置没有明确要求;乡级管理者与服务提供者多为一体	省、地级人民政府成立相关部门组成的新型农村合作医疗协调小组;县级人民政府成立有关部门和农民代表参加的新型农村合作医疗管理委员会,下设经办机构(一般设于卫生行政部门内),其人员和工作经费列入同级财政预算;乡(镇)可设立派出机构(人员)或委托有关机构管理
筹资	性质		新型农村合作医疗基金是民办公助社会性资金
	原则	以个人投入为主,集体扶持;政府应当支持	个人缴费、集体扶持和政府资助相结合
	数额	以农民个人筹资为主,集体经济适当扶持,政府财政很少支付	农民个人交纳数额年人均不低于 10 元,地方各级财政资助总额年人均 10 元,中央财政(对中西部地区)年人均 10 元
	政策界线	政府各部门政策不协调,部分地方将农民参加合作医疗所缴费用视为增加农民负担	农民为参加新型农村合作医疗、抵御疾病风险而履行的缴费义务不能视为增加农民负担
	管理制度	以收定支,收支平衡。略有节余,专款专用	按照以收定支、收支平衡和公开、公平、公正原则进行管理,在银行专户存储,封闭运行

项目	传统合作医疗	新型农村合作医疗
举办层次补偿模式	多为村办乡管或乡办乡管,没有硬性规定	以县(市)为单位进行统筹、主要补助大额医疗费用或住院医疗费用; 有条件的地方,可实行大额医疗费用补助与小额医疗费用补助相结合的办法; 对年内没有享受补偿者,安排一次常规性体检
监督体制	要加强合作医疗的科学管理、民主监督,使农民真正受益	强调农民的参与、知情和监督权; 县级新型农村合作医疗委员会定期向监督委员会和同级人大报告工作; 审计部门定期对基金收支和管理进行审计

二、城乡统筹,分类推进新型农村合作医疗体制

我国农村地区广大,区域经济发展不平衡,这就不利于在农村地区实行统一的农村社会保障制度。再加上各地农民对社会保障的具体要求也各不相同,因此在推行合作医疗体制时,要从农村的实际情况出发,因地制宜,不能实行"一刀切"的政策。因此在推行新型农村合作医疗时,应该按发达地区、较发达地区、欠发达地区发展的不同情况,分阶段进行实施。

(一)发达地区可实行城乡医疗保险统筹

在东部沿海农村及城市市郊等生产力水平和农民生活水平提高较快的富裕地区,全面推进农村社会保障体系建设的条件已基本具备,应采取措施全面建立农村社会保障的各项制度及服务网络,医疗保障体制建设应纳入城乡一体化发展,农民的健康保障体制可以向城镇过渡,甚至结合。这些发达地区乡村出现了乡村劳动力的急剧分化和大规模的非农化、职工化现象,多数农民有较稳定的职业和住所,便于进行医疗保障制度的探索,以达到向农村延伸、缩小城乡差别的目标。在这些发达地区,可以通过深化改革农村合作医疗制度,引入契约共济的保险意识和保险制度的运行机制,特别要转

变单纯的"受益观念",不断提高保障社会化程度。

(二)较发达地区可实行以大病统筹为主的合作医疗

在广大经济发展中等水平地区,居民和政府都有一定的筹资能力,但承受能力有限,乡镇企业和第三产业处于发展初期,城镇化尚未形成。这些地区的个人筹资水平占人均收入的1‰～2‰为宜,有条件的应吸收乡镇企业职工参加。在具有一定筹资能力,并积累一定管理经验的地区,可举办县、乡、村联办或县大病统筹医疗,提高抗风险能力。此外,在政策上要鼓励各地根据当地实际不断完善和发展农村医疗保障制度,探索新的模式,如单一大病统筹医疗、乡镇企业统筹医疗、家庭账户与统筹结合、医疗救助、村民自治组织方式等。

(三)欠发达地区应以医疗救助为主

在经济欠发达地区,由于居民和政府的筹资和承受能力有限,尤其是贫困地区的居民和政府筹资能力极低,应选择建立以医疗救助为主的制度,并由中央和省级财政通过转移支付解决医疗救助资金的短缺。合作医疗只在具备一定筹资能力,且只能在政府和群众积极性较高的地区举办。个人筹资一般不宜超过人均年收入的1‰,医疗救助应覆盖所有农村贫困线以下的人口。

目前我国实施的扶贫计划,侧重于经济上的扶贫。应当把经济扶贫与卫生扶贫有机结合起来,通过中央政府及发达地区的支持,首先解决贫困地区的卫生设施建设与"缺医少药"问题,并且在国家扶贫专款及有关扶持资金中划出一部分,专门解决贫困地区的医疗扶贫问题。对于区域内、地区内的农村贫困人口,要实施医疗救助计划。医疗救助计划是医疗保障制度的一个组成部分,医疗保障又是整个社会保障体系的重要内容。应当把卫生扶贫纳入社会保障尤其是社会救助体系,把医疗救助计划与整个社会保障体系有机结合起来,如借助农村最低生活保障制度的标准,确定实施医疗救助的对象范围。这样,既可以真正使贫困者得到救助,又方便可行,减少组织成本。

第四节　新型农村医疗保障制度建设的政策及建议

在国家日益重视"三农"问题,加大对社会主义新农村建设、构建社会主义和谐社会及农村公共服务资金投入的形势下,各级财政应针对本级政府和本地区财力的客观实际,制定政策措施,做好制度设计,逐步建立以保障农民健康为目的、以制度建设为前提,因地制宜地改进和完善新型农村合作医疗制度,在国家、集体和农民个人投入相结合的基础上,加大财政对农村医疗保障服务和基础设施的投入,从制度上建立和完善农村合作医疗资金筹集、保障和供给机制,建成覆盖全国农村所有居民的新型农村合作医疗体系。

一、加大对新型农村合作医疗的宣传,倡导农民自愿加入

新型农村合作医疗是建设和谐社会的一项基本措施,是社会主义新农村建设的重要内容,是一种良好的风险分担、合作互助和社会共济行为,同时也是对我国优良传统的发扬和光大。因此,在实际工作中,我们既要大力做好新型农村合作医疗的宣传和发动,又要辅之以必要的行政动员,积极引导群众转变思想观念,增加对个人健康方面的投入,积极防病就医,从而使广大农民保持健康的身体素质,使广大农村保持良好的卫生环境。

(一)重视对农村医务人员的培训

对新型农村合作医疗的设计,要充分考虑到本地区经济发展的实际情况,从而可以体现出新型农村合作医疗制度的特点,本着方便群众、简便易行的原则,并对农村基层的医务人员和管理人员进行医疗制度、卫生防疫和医疗技术等专业知识的培训。通过广泛的宣传、教育和专业培训,为新型农村合作医疗制度的实施提供技术支持和组织保证。

(二)加强对基层领导干部的培训

要使基层干部充分认识建立新型农村合作医疗制度的长期性、艰巨性和复杂性,扎扎实实地开展工作。充分利用广播站、电视、村务公开栏、黑板报等宣传媒体,通过发放宣传资料和组织义务宣传队等喜闻乐见的形式,搭建新型农村合作医疗宣传平台,普及新型农村合作医疗知识,使新型农村合作医疗制度家喻户晓、人人皆知。

(三)加强与当地农民的沟通与交流

针对农民群众对新型农村合作医疗制度存在的种种想法和模糊认识,要进行深入细致的讲解,宣传其意义和好处,使广大农民真正认识到新型农村合作医疗制度给自己带来的实惠,从而使农民自觉自愿地参加新型农村合作医疗。

(四)要充分发挥新闻媒体的广播、宣传作用

做好新型村合作医疗制度及医药卫生知识的教育和普及工作,要在充分调查的基础上,认真收集、整理本地区参保农民在参加新型农村合作医疗后如何解决"看病难"、"看病贵"和因病致贫、因病返贫的实例,通过典型事例的宣传和报道,让农民在事实中澄清疑虑,从而提升新型农村合作医疗制度在农民心目中的地位。

二、提高新型农村合作医疗的筹资水平

改革开放以来,我国经济虽然有了突飞猛进的发展,但是与发达国家相比,我国仍然处在社会主义初级阶段,除了东部地区和沿海经济发达地区的农民比较富裕外,大部分地区的农村集体积累和农民个人收入普遍不高,地区之间经济发展不平衡的特点比较明显。因此,我国农村社会保障资金的筹集不仅不能照搬国外的做法,也不能照搬国内某个城市的具体做法,必须建立国家、地方、个人三位一体的农村社会保障的筹资结构。农村社会保障基金主要来源于国家财政、地方财政和参合农民三个方面,要明确三方的合理筹资和分配比例,并由中央财政和省级财政承担主要责任。

(一)加大国家财政补助

通过财政转移支付,加大中央财政和省级财政对农村新型合作医疗的投入力度,并明确中央财政和省级财政负担大头。县级财政,特别是广大中西部地区和贫困县,由于财力严重不足,其负担比例应在 $5\% \sim 10\%$ 之内;国家级贫困县应该免除负担。随着国民经济的发展和财政收入的不断增加,国家对新型农村合作医疗的投入也有较大的提升空间。一般来说,国家对参合农民的补助不应低于当地医疗保健支出的 50%,而且应该承担当地的低保户和农村定期救济户的个人缴费部分,尽量减少或取消县乡财政的配套资金,并从政策制定和加强监督方面考核基层对农村医保政策的贯彻实施情况。

(二)提高农民的缴费额

在试点期间,农民以自愿的原则、以每年不低于 10 元缴费额度的设计,主要是考虑到参合率的问题。因为,如果在试点初期把起点定得太高,会让农民怀疑未来的投入回报率问题而影响其参合的积极性。随着试点范围的

扩大和新型农村合作医疗制度的全面实施,这一缴费额度与农村居民消费水平、医疗保健实际支出和农民人均纯收入相比并不算高。从调查中得知,随着农村经济的逐步发展和农民收入水平的不断提高,农村合作医疗的筹资水平将有较大的提升空间。具体个人究竟需要负担多大的比例为科学合理,还需要综合考虑和严格论证。据初步分析,一般以不低于当地医疗保健支出的30%为宜。但对于五保户、特困户和享受低保的农民来说,可以通过减免的政策来减轻其个人的缴费负担。

(三)拓宽筹集农村合作医疗资金的渠道

对于经济条件比较发达的地区,可以从土地补偿费、土地使用费、农业产业化经营所得或政策性奖励资金中拿出一定比例,作为新型农村合作医疗的补助资金,或直接垫付农民个人的缴费部分,从而逐步改善农村居民的公共福利,扩大农村医保范围,增加新型农村合作医疗的覆盖面。

三、健全县、乡、村三级卫生服务体系,提高农村整体医疗服务水平

完善新型农村合作医疗制度必须根据公共财政的要求,提高农村地区医疗服务水平。

首先,要改变我国长期以来重城市、轻农村和城乡分制的医疗卫生体系,财政对医疗卫生的投入方式应该逐步由城市大医院向基层乡村医疗卫生机构倾斜,重点增加对农村卫生室、卫生院基础设施的投入。

其次,要加强农村卫生人员继续教育和专业培训活动,不断提高培训质量,加快乡村医生向职业助理医师以上资格转化,提高农村医务人员的医疗技术水平。

再次,要扎实开展城市医疗卫生人员下乡和对口技术援助活动,在医疗技术和业务管理上,实行逐级援助和定期帮扶措施,即城市医院支援县级医院、县级医院支援乡镇卫生院、乡镇卫生院支援村卫生室的政策,完善县、乡、村三级医疗体系。要建立农村医疗机构人才输送机制,实行医学专业大学毕业生就业和医生晋升职务之前到基层服务的制度(最少在基层服务2年),从而不断改善农村的医疗条件,提高农村医疗机构的医疗技术水平和综合服务能力,切实方便农民就医,使广大农民能够做到小病不出村,大病不出县,一般常见病不出镇。

四、改变新型农村合作医疗制度的筹资顺序和大病报销程序及比例

当前新型农村合作医疗制度的筹资顺序,是采取自下而上的方法,即农民首先向基层政府缴纳每人 10 元的合作医疗费用,而后由县级财政、市级财政、省级财政分别按照参保的人数依次配套,最后才凭着农民和地方财政的到位资金申领中央财政的补助资金,中央财政补助资金到位后才意味着合作医疗筹资过程的结束。这种自下而上的筹资方式,不仅大大地增加了基层干部的工作负担,而且往往会增加农民心中的疑虑。因此,建议改变当前的新型农村合作医疗筹资顺序,即采取自上而下顺序,先由中央财政和地方财政按照全民覆盖的医保政策或按照农村人口的一定比例,下拨各自分担的补助资金,而后凭着各级财政到位的资金再收缴参合者个人应交的部分,并按照参合农民的实际人数,平均分配补助资金。当参合率高于财政补助的人数比例时,则在下一年度的资金拨付中额外补齐,供下一年的参合农民分享。例如,假设某县共有农村人口 80 万人,各级财政按总人口 95% 的比例补助资金,共补助农村合作医疗资金 2 280 万元;如果参加合作医疗的农民是 70 万人,则参合农民自身缴纳的资金为 700 万元;这样,70 万参合农民平均分摊这 2 980 万元资金,则人均占有合作医疗资金 42.57 元。如果该县 80 万农民全部参加农村合作医疗,参合农民共筹资 800 万元,则人均占有合作医疗资金 38.5 元;另外 30 万元差额由财政补贴到下一年度的新型农村合作医疗资金中,供下一年的参合农民分享。

这种农村合作医疗的筹资方式,使得农民参加新型农村合作医疗所平均享受的医保资金不再是一个固定的量,只有在筹资工作完成后才能根据参合的人数得出人均占有的资金额度。简单的筹资顺序上的调整,不仅能大大减轻基层人员的工作负担,同时很有可能调动农民筹资参合的积极性。除此之外,将参合资金的差额补助滚入下年度分享的办法,一方面有利于提高参加新型农村合作医疗的农民继续参合的积极性;另一方面随着农村合作医疗资金的积累和人均占有水平的提高,客观上也有利于提高未参加医保的农民争取参合的积极性,从而有利于提高农民的参合率。

当前,新型农村合作医疗实行的是大病病后报销制度,而病人在入住医院前必须预交一定的费用,这对于一些贫困户或经济条件较差或条件一般的家庭来说,可能会因为筹不到如此多的款项而放弃治疗,因此难以体现合作医疗制度为农民带来的便利和实惠。加之现阶段繁杂的报销手续和较低的报销比例,一定程度上难以解决一些病人的基本医疗保障问题。因此,

解决这一问题的基本方法,是要在新型农村合作医疗制度动员比较充分、发展比较成熟的基础上,根据报销人病情的轻重程度,采取更加人性化的管理办法,病人经县级以上医院确诊为大病之后,可凭医院开具的相关证明,由新型农村合作医疗资金管理部门直接与医院结算费用;或根据具体情况和病情的轻重,允许农民在治疗中预支一定的费用,并通过提高大病统筹金额、增加病人报销比例的办法,使农民大病平均报销比例逐步达到或超过70%的水平,从而使得患大病的农民能有机会尽早治疗或得到基本的医疗服务。

五、减少农民数量,将农民工的保障纳入到城市医疗保障体系中

我国是一个农业大国,农村人口众多。与发达国家相比,英国的农民只占全国总人口的3%,美国是6%,日本是16%,而我国乡村人口占全国总人口的比重高达60%。因此,要建立新型农村社会保障体系,必须减少农民数量,使农民向城镇集中、农业向工业集中、工业向园区集中。在减少农民数量的基础上,才可能提高农民待遇,解决农民的医疗保障和社会保障问题。

据资料测算,我国7.5亿乡村人口中约有5亿个农村劳动力,根据现有土地和农业的生产力状况,目前我国农村至少有2亿个剩余劳动力需要转移。减少农民数量,政府应该通过政策调整、制度创新和对农民培训的办法,实现农民向城镇集中和向非农部门转移,力争在2020年之前使我国的城镇化水平由目前的43.9%,提高到60%。从我国的现实情况看,减少农民的数量的方式主要有三种。

（一）向外延拓展

通过生态农业、观光农业、农产品加工和农业产业化建设,拓宽农业范围,拓展就业空间,提高农业效益,拉长农业产业链。要在农村劳动力培训和转移中体现惠民政策,注重劳动力素质提高,通过财政支持、政策扶持和市场对接的方式,分别对富余劳动力进行转移培训、转岗培训、就业培训和技能培训,形成劳动力资源开发体系,逐步建立全国统一开放、竞争有序、城乡交融的劳动力市场,促进农村劳动力向城镇集中和向非农产业转移。

（二）向大城市转移

通过户籍制度、土地制度和城市用工制度改革,取消对农村劳动力进城就业的不合理限制和不公正待遇,建立城乡统一的劳动力市场和将农民工

纳入城市社会保障范畴的社会保障制度,营造城乡劳动者公平竞争的市场环境;把促进农村劳动力转移纳入政府就业和再就业工作体系,统一规划、统一部署、统一推进,为农民工进城和安家制定政策、创造条件,从而实现生产要素的合理流动,把大量的农民从有限的土地上剥离出来。

(三)向小城镇集中

城镇经济是农村经济的基础和城乡经济的纽带,通过城镇经济的发展促进农村富余劳力向城镇集中,是实现人力资源合理配置、转变生产方式和促进工业经济快速发展的重要途径;特别是对于深山和库区生存条件恶劣的居民,应在尊重农民意愿的前提下,逐步培养其务工和经商的技能,鼓励他们向城镇或非农部门转移。

六、建立农村新型合作医疗制度的财力需求

党的十六大报告提出,要"建立健全同经济发展水平相适应的社会保障体系",并要求"有条件的地方,探索建立农村养老、医疗保险和最低生活保障制度"。从实践中看,农村合作医疗制度经过不断推广,目前新型农村合作医疗在全国农村的覆盖面约为 20%,农民参合率约占全国农村人口的15%,试点地区的参合率约为 80%左右。建立农村新型合作医疗制度的财力需求,需要做到以下几方面。

(一)根据当前的筹资水平,建立覆盖城乡居民的新型农村合作医疗制度的财力需求

当新型农村合作医疗制度筹资标准是,中央政府和地方政府的补助额分别为每人每年 20 元和 10 元。我国有 7.5 亿农民,若按照目前的筹资标准建立覆盖到所有农民的新型农村合作医疗制度,中央财政每年需要补助资金 150 亿元,地方财政每年需要补助资金 75 亿元,中央与地方合计每年需要投入资金 225 亿元;再加上农民个人缴费 75 亿元,则每年需要筹集农村合作医疗资金 300 亿元。

如果将全国农村低保 825 万人、农村五保户 300 万户(人)、农村定期救济困难户 766.8 万户参加新型农村合作医疗所需的个人缴费部分由财政承担的话,假定目前全国农村定期救济困难户按每户 4 人计算,则由财政承担的新型农村合作医疗个人缴费的人数为 4 192 万人。这样,若按照目前的筹资标准建立覆盖到所有农民的新型农村合作医疗制度,国家财政每年约需要筹集的资金为 304.2 亿元,如表 3-2 所示。

表 3-2　全国新型农村合作医疗财力需要计算表

农村人口 类型区分		人数 （万人）	财力需求（亿元）			
			中央财政	地方财政	个人缴费	合计
全国农村人口		75 000	150	75	75	300
其中	农村低保户	825			0.83	0.83
	农村五保户	300			0.30	0.30
	救济困难户	3 067			3.07	3.07
总计		79 192	150	75	79.20	304.20

（表中数据来源：《中国统计年鉴》）

如果将农民工纳入城市社会保障的范畴，假定目前在城市具有稳定职业的农民工 1 亿人，根据新的医保政策，将这 1 亿名农民工的医疗保障纳入城市医保的范畴，则每年财政投入农村合作医疗费用可以减少 30 亿，这 30 亿的农村合作医疗费用将转为用工企业或城市财政来负担。

（二）根据城镇居民基本医疗保险制度标准，建立覆盖全民的新型农村合作医疗制度的财力需求

建立城乡统一的新型农村合作医疗制度不仅是全国 7.5 亿农村居民的梦想，也是政府要着力解决的民生问题，是统筹城乡发展、建设社会主义和谐社会的一个奋斗目标。按照目前城市医疗保障单位缴费 10%、个人缴费 2% 的比例，如果农民的人均纯收入为 3 255 元，那么中央财政和地方财政所投入的费用就应该按 2∶1 的比例来分担，则中央财政、地方财政及农民自身每人每年所需要负担的费用分别为 217 元、108.5 元、65.1 元。若建立覆盖全体农村居民的新型农村合作医疗制度，中央财政、地方财政每年需要投入的资金分别为 1 618 亿元和 809 亿元，合计 2 427 亿元。如果再将农村低保人数、农村五保户人数和农村定期救济人数参加新型农村合作医疗所需的个人缴费由财政承担，假定农村困难户按每户 4 人计算，则财政每年需要增加投入个人缴费资金 27.25 亿元。

（三）根据农民医疗实际支出，建立覆盖全体农民的新型农村合作医疗制度的财力需求

当前的新型农村合作医疗筹资额度，是在农村合作医疗起步阶段建立的一种较低水平的筹资标准；随着我国财力的不断增强和农村公共服务水平的不断提高，农村合作医疗的筹资水平也将会根据农民医疗保健的实际需要而不断提升。从实际支出情况看,如果我国农村居民人均医疗保健支出为 168 元,以现阶段农村居民的实际支出为新型农村合作医疗的筹资标准,按目前的中央财政、地方财政和农民个人 2∶1∶1 的比例分担的话,则中央财政、地方财政及农民个人的负担费用分别为 84 元、42 元和 42 元。若按此标准建立覆盖全体农村居民的新型农村合作医疗制度,中央财政和地方财政每年需要投入的资金则分别为 630 亿元和 315 亿元,合计为 945 亿元。

如果将全国农村低保户 825 万人、农村五保户 300 万户和农村定期救济困难户 766.8 万户参加新型农村合作医疗所需的个人缴费由财政承担,假定农村困难户按每户 4 人计算,则财政每年需要再投入资金 17.6 亿元。

七、加强对新型农村合作医疗资金的管理和监督

建立新型的农村合作医疗制度关系到广大农民的切身利益,为了全面、系统、规范地推进农村合作医疗制度建设,还必须加强对新型农村合作医疗资金的管理,做到程序规范、公开透明、阳光操作,让老百姓心里有一本明白账。同时还必须建立相对独立的农村合作医疗资金管理和监督机制,对农村医疗资金和社会保障资金的使用、管理和运营情况进行监督。

(一)确立农村医疗保障的法律地位

确立当前这种由政府支持和农民缴费形式建立的新型农村合作医疗制度的法律地位,尽快制定相应的法律、法规,按照低标准、宽覆盖的原则完善具体条款,规范操作程序,保证各级配套资金的足额并及时到位,从而建立一个符合我国经济社会发展实际,能够覆盖广大农村居民的农村医疗服务体系。

(二)科学确定新型农村合作医疗保障制度和保障标准

参保人员在县医院、乡镇(街道)卫生院、社区卫生服务中心,或城镇职工基本医疗保险定点机构的一次性住院医药费用高于或低于保障线的,其超出部分或低于部分可按年度享受相应的医药费补偿。保障线可以视当地经济发展水平而定:

(1)本年度在保障线以下的部分由乡镇级资金补偿,具体补偿比例由各县(市、区)视资金筹集额度确定。

(2)一次性住院超过保障线以上部分的医药费可享受县(市、区)级资金

的补偿,但不得超过最高补偿额,补偿比例按医药费用从低到高逐步提高补偿比例。

(3)随着财政资助资金、统筹资金的增加及资金实际运行情况,逐年降低起报线(门槛费),逐步提高补偿比例。

(4)门诊费用报销参照住院报销标准执行。

(三)建立新型农村合作医疗参保者、医疗机构和资金管理组织三方制约机制

对农村合作医疗的资金,要实行公开、透明、阳光的操作,从而规范农村合作医疗的资金运作,控制医疗费用的不合理增长,提高资金的使用效率。

(四)建立健全资金筹集、报销公示制和县级资金年度审计制

新型农村合作医疗体系的建设必须全面、系统、规范地推进,尤其要有规范的程序。由于农村社会涉及成千上万的农民,新型农村合作医疗的操作规程必须简明扼要,便于操作。资金的使用应该按照以收定支、量入为出、保障适度的原则,逐步调整补偿标准,做到农村医保基金既不沉淀过多,也不出现透支。

(五)充分利用信息技术,对新型农村合作医疗进行系统化的管理

要开发可专门用于农村合作医疗的管理软件,建立经费管理、运营系统和经费预警、决策系统,采用快速简便的结报方式和内容翔实的查询菜单,实现医疗、咨询、费用标准、账户余额和使用清单等一条龙服务,从而保证农村合作医疗管理的规范化进行,减少农民的顾虑。

第四章 我国新型农村社会 救助制度的建设

农村社会救助是国家和社会对由贫困人口与不幸成员组成的社会弱势群体提供款物接济和扶助的一种基础性生活保障制度。它主要解决农村贫困和不幸成员的生存危机,被称为最后一道"安全阀"。我国是一个农业大国,农村人口众多而且经济基础薄弱,很多地方的农民甚至没有解决温饱问题,社会救助工作更应作为发展农村社会保障的重中之重。在我国新农村建设的背景下,只有在科学发展观的指导下,全面构建符合时代发展需要的农村社会救助体系,为广大困难农民提供全面、系统的保障,才能真正做到"保障民生,维护民权,实现民利"。

第一节 我国农村社会救助的历史与现状的思考

在 20 世纪 80 年代农村经济体制改革以前,我国的农村社会救助制度包括特困户救助制度、"五保"制度和灾害救助制度。改革开放以后,我国农村社会救助有了较大发展,主要有五保供养制度、农村最低生活保障制度、灾害救助制度和扶贫制度等。农村社会救助从以前被动消极的形式转变为积极主动的形式,更好地为农村人民提供更好的帮助。

一、我国农村社会救助的特点及成就

我国农村社会救助事业经过 60 多年的发展,形成了自身的发展特色。目前,农村社会救助在救助范围上,形成了对农村贫困群体的全员覆盖;在救助手段上,形成了灾民救济、低保、五保、专项救助"四位一体"和社会帮扶、优惠政策、社会捐赠三者结合的综合运用;在救助行为主体上,形成了政府的齐抓共管与社会力量的相结合;在救助资金来源上,形成了政府、社会、个人多渠道;在救助目的上,走向了生存与发展并重。应当说,这样的农村社会救助体系是适合中国国情的有效选择。

(一)我国构建农村社会救助的指导思想

以"三个代表"重要思想、科学发展观和"以人为本"的执政理念为指导,总体规划农村社会救助工作,稳步落实各项农村社会救助政策,切实保障宪法规定的农村公民享受的基本权利,使农村社会救助工作逐步走上规范化、制度化、网络化和现代化的路子。

(二)农村社会救助的主要目标

通过坚持不懈的努力,逐步构建起制度健全、政策配套、保障有力、管理规范、运转协调的具有中国特色的农村社会救助体系。

(三)农村社会救助的探索及成就

中华民族自古以来就有扶危济困的优良传统。新中国成立后,党和政府始终把解决群众困难放在突出重要位置,高度重视社会救助工作。在国民经济恢复和社会主义改造时期,党和政府面对农村数以千计的民众遭受贫困、饥饿、瘟疫和死亡的困境,下拨了大量救济款物,主要救济农村贫困户。这个时期,农村社会救助的一项重要内容是救灾工作。本着"依靠群众,依靠集体,生产自救,互助互济,辅之以国家必要的救济和扶持"的方针,通过拨放救灾款安排和保障灾民生活,同时恢复和发展灾区生产。与此同时,传统社会救助工作也初步展开。它是 20 世纪五六十年代在计划经济体制下形成的,主要对"三无"人员、社会困难户、60 年代精简退职职工以及国家规定的一些特殊救济对象的定期、定量救济与临时救济,其中的一项重要创新和发展是农村"五保"供养制度的建立。

实施家庭联产承包责任制后,为了适应新形势下的新情况,各地农村社会救助事业进行了不断的探索和改革,其中一项重要的措施是实行救济与扶贫相结合的办法。扶持农村贫困户工作,是在农村社会救济和救灾的基础上发展而来的,它是新时期我国解决贫穷问题的一个创新,也是一种积极的社会救济措施。1984 年中共中央、国务院联合制定了我国首个农村扶贫专项政策,即《关于帮助贫困地区尽快改变面貌的通知》,把扶贫提升到战略的高度。各级民政部门对有一定劳动力和生产条件的贫困户,积极从资金、物资、技术等方面扶持他们发展多种经营,兴办扶贫经济实体,吸收有劳动能力的贫困户和残疾人就业,增加收入,脱贫致富。

20 世纪 90 年代开始,农村陆续出台了《农村五保供养条例》等一些社会救助单项制度与法规。传统的社会救助制度不能适应社会主义市场经济新形势的需求,迫切需要改革与完善。在这种情况下,建立起城乡最低生活保障制度。2003 年 5 月,民政部办公厅发布的《关于进一步做好农村特困户救济工作的通知》(民办发[2002]6 号),明确了救济的重点对象是农村中因病致残丧失劳动能力、鳏寡孤独和因灾害等造成家庭生活常年困难的农户,同时还在全国城乡开展医疗救助试点工作。这些工作为农村社会救助制度的完善与体系的建立奠定了基础,提供了制度保障。

目前,我国农村社会救助项目主要有救灾救济、特困户救助、五保供养制度、农村扶贫、农村社会互助、医疗救助等。随着我国经济发展与社会进步,农村社会救助项目也不断增加,内容逐渐丰富。部分有条件的省市的农村地区还开展了医疗救助、住房救助、教育救助、司法援助、科技救助等专项救助活动。教育救助主要是针对农村"五保"对象实行的普通中小学免费教育;住房救助主要对农村特殊困难农民的危旧房改造、修缮和新建住房,以及对居住生存条件恶劣、自然资源缺乏的贫困户实施搬迁扶贫,对因灾倒房户的恢复重建等。目前,很多省份已开展了各种住房救助工程,如江西的"消茅工程",湖南的"爱心工程",都加大了对农村困难群众的住房救助力度,切实解决了困难户的住房难问题。

二、我国农村社会救助的现状

(一)农村低保的现状

根据民政部发布的《2012 年社会服务发展统计公报》中统计,截至 2012 年底,全国有农村低保对象 2 814.9 万户、5 344.5 万人,比上年同期增加 38.8 万人,增长了 0.7%。全年各级财政共支出农村低保资金 718.0 亿元,比上年增长 7.5%,其中中央补助资金 431.4 亿元,占总支出的 60.1%。2012 年全国农村低保平均标准 2 067.8 元/人·年,比上年提高 349.4 元,增长 20.3%;全国农村低保月人均补助水平 104.0 元。[①]

(二)农村五保的现状

根据民政部发布的《2012 年社会服务发展统计公报》中统计,截至 2012 年底,全国有农村五保供养对象 529.2 万户,545.6 万人,分别比上年下降 0.2%和 1.0%。全年各级财政共支出农村五保供养资金 145.0 亿元,比上年增长 19.1%。其中:农村五保集中供养 185.3 万人,集中供养年平均标准为 4 060.9 元/人,比上年增长 19.4%;农村五保分散供养 360.3 万人,分

---

① 2012 年社会服务发展统计公报,民政部网站

散供养年平均标准为 3 008.0 元/人,比上年增长 21.8%。①

(三)农村传统救济的现状

根据民政部发布的《2012 年社会服务发展统计公报》中统计,截至 2012 年底,农村传统救济 79.6 万人,比去年增长 15.9%。

(四)农村医疗救助的现状

根据民政部发布的《2012 年社会服务发展统计公报》中统计,2012 年全年累计救助贫困农村居民 5 974.2 万人次,其中:民政部门资助参加新型农村合作医疗 4 490.4 万人次,人均资助参合水平 57.5 元;民政部门直接救助农村居民 1 483.8 万人次,人均救助水平 721.7 元。全年各级财政共支出农村医疗救助资金 132.9 亿元,比上年增长 10.8%。②

(五)灾害救助的现状

根据民政部发布的《2012 年社会服务发展统计公报》中统计,2012 年全国各类自然灾害共造成 2.9 亿人(次)不同程度受灾,因灾死亡失踪 1 530 人,紧急转移安置 1 109.6 万人次;农作物受灾面积 2 496.2 万公顷,其中绝收面积 182.6 万公顷;倒塌房屋 90.6 万间,严重损坏 145.5 万间,一般损坏 282.4 万间;因灾直接经济损失 4 185.5 亿元。国家减灾委、民政部共启动 11 次预警响应和 38 次应急响应,协调派出 40 个救灾应急工作组赶赴灾区,财政部、民政部下拨中央救灾资金 112.7 亿元,民政部调拨帐篷 7.7 万顶、棉衣被 54.8 万件(床)、折叠床 1.7 万张等救灾物资,累计救助受灾群众 7 800 万人次,帮助维修和重建住房 410 万间,受灾群众基本生活得到妥善保障。③

三、完善农村社会救助的对策

(一)健全完善社会救助法律制度

建立健全法律法规不仅是建构农村社会救助的法律保障,也是社会保障体系建设的重要内容。我国各地应根据自身的实际情况,加快农村社会救助政策的健全、完善和整合,使各项社会救助政策逐步形成一个有机整

---

① 2012 年社会服务发展统计公报,民政部网站
② 同上
③ 同上

体,为规范农村社会救助奠定法制基础。

(二)农村社会救助的资金及时到位

加快农村社会救助工作的社会化进程,实现资金筹集的多元化,充分合理配置社会救助资源才能保证社会救助的可持续性。保障困难群体的基本生存权利是各级政府的责任,因此政府是社会救助工作的主体。政府拨款是农村社会救助的一个重要资金来源渠道。但由于我国农村贫困人口较多,国家财政能力有限,政府不能完全解决社会救助的资金问题,因此,在政府继续增加对社会救助的财政拨款的同时,保障资金可以由省、市、县、乡各级财政和村集体合理分担,同时也要发挥社会捐助的作用。

(三)认真研究现行农村社会救助政策

近几年来,我国农村社会救助项目逐渐增加,内容也日益丰富,但是由于政策制定的时间不同,出台政策的部门不同,常常出现政策缺位或政策与政策之间不配套的问题,因此,对社会救助相关的政策法规进行清理和修订,解决农村社会救助工作中多头管理、政策不一的问题,保证政策的一致性是完善农村社会救助的制度保障。

(四)建立统一的社会救助管理体制和运行机制

建立统一的社会救助管理体制和运行机制是构建农村社会救助体系的前提和基础。从浙江、上海、大庆、通化等地的成功经验来看,社会救助管理体制应该是:"政府主导、民政主管、部门联动、社会参与"。在社会救助工作中,政府应发挥组织领导和综合协调的作用,出台相关的政策、法规;民政部门作为社会救助工作的主管部门,要发挥其管理作用,具体组织、协调社会救助工作的开展和落实;各政府部门要履行好自身的职责,根据救助工作的总体部署和统一要求,在本部门的职责范围内开展相应的救助工作;各群众团体和个人要发挥扶贫济困的优良传统,为困难群众救助献上自己的一份爱心。按照这一管理与运行机制,农村社会救助工作才能发动起从中央到地方、从政府到社会等各方力量,保证该项事业的顺利开展。

第二节　我国农村的五保供养制度

农村五保供养是具有显著中国特色的弱势群体保障制度,是指对农村居民中无法定赡养人、无劳动能力、无生活来源的老人、残疾人和未成年人在吃、穿、住、医、葬和未成年人义务教育等方面给予生活照料和物质帮助。农村五保供养制度于 1956 年建立，并在 1994 年由国家以政府法规的形式予以确定。2006 年新修订的《农村五保供养工作条例》出台，五保供养被正式纳入国家救助体系之中。

一、我国农村五保供养制度的实施

2006 年修订颁布了《农村五保供养工作条例》（以下简称《条例》），明确规定农村五保供养资金在地方人民政府财政预算中安排；中央对财政困难地区的农村五保供养，在资金上给予适当补助。这标志着农村五保供养正式纳入了国家财政的保障范围，实现了从传统农民互助共济的集体保障模式向现代社会保障模式的转变。国家成为供养责任主体，适应了农村经济发展状况，尤其是政府实际承担了供养的职责，解决了资金筹集的难题，进一步完善了农村五保供养制度。同时，为解决各地供养设施滞后的问题，民政部决定在"十一五"时期利用彩票公益金开展"霞光计划"，各级民政部门从本级留用的彩票公益金中划拨一部分资金资助五保供养服务设施建设。地方各级政府利用这一契机，加大了敬老院的建设力度，崭新、整洁的敬老院成为当前新农村一道亮丽的风景。

（一）供养对象

《条例》规定，老年、残疾或者未满 16 周岁的村民，无劳动能力、无生活来源又无法定赡养、抚养、扶养义务人，或者其法定赡养、抚养、扶养义务人无赡养、抚养、扶养能力的，享受农村五保供养待遇。对批准给予农村五保供养待遇的，发给《农村五保供养证书》。[1]

（二）供养内容

《条例》规定农村五保供养包括下列供养内容：供给粮油、副食品和生活用燃料；供给服装、被褥等生活用品和零用钱；提供符合基本居住条件的住房；提供疾病治疗，对生活不能自理的给予照料；办理丧葬事宜。

同时还规定，对于未满 16 周岁或者已满 16 周岁仍在接受义务教育的供养对象，应当保障他们依法接受义务教育所需费用。农村五保供养对象的疾病治疗，应当与当地农村合作医疗和农村医疗救助制度相衔接。[2]

---

① 农村五保供养工作条例. 中华人民共和国国务院公报,2006(7)

② 同上

(三)供养标准

《条例》要求农村五保供养标准不得低于当地村民的平均生活水平,并根据当地村民平均生活水平的提高适时调整。农村五保供养标准,可以由省、自治区、直辖市人民政府制定,在本行政区域内公布执行,也可以由设区的市级或者县级人民政府制定,报所在的省、自治区、直辖市人民政府备案后公布执行。[1]

(四)供养形式

农村五保供养对象可以在当地的农村五保供养服务机构集中供养,也可以在家分散供养。农村五保供养对象可以自行选择供养形式。

集中供养的农村五保供养对象,由农村五保供养服务机构提供供养服务;分散供养的农村五保供养对象,可以由村民委员会提供照料,也可以由农村五保供养服务机构提供有关供养服务。[2]

二、我国农村五保供养的制度困境

从 1956 年的《1956 年到 1967 年全国农业发展纲要(草案)》到 2006 年的《农村五保供养工作条例》,农村五保供养已经形成较为成熟完整的制度建设。但是从整体来看,五保供养的制度建设仍不能满足现实需要,在实践中的操作性尤显不足。

(一)五保供养资金不足

2006 年《农村五保供养工作条例》关于五保供养资金筹集的规定是:"农村五保供养资金,在地方人民政府财政预算中安排"。"中央财政对财政困难地区的农村五保供养,在资金上给予适当补助。"[3]这一规定虽然明确了五保供养的经费来源于政府的公共财政,但却并没有从根本上改变五保供养资金不足的局面,其主要原因有五:一是五保供养人数逐年上升;二是农村敬老院开支缺口大;三是在五保人数的统计和人均标准等信息的收集和传递方面产生的误差,导致财政拨款总额和五保供养所需经费不相符,从而造成财政拨款的总额不足;四是五保拨款采取中央财政对乡村总体转移

---

[1] 农村五保供养工作条例.中华人民共和国国务院公报,2006(7)

[2] 同上

[3] 同上

支付的下拨方式,部分地区在实际执行中常常以各种名目侵占款项,最后发放到五保对象手中已所剩无几;五是五保供养资金由上级拨款和乡级政府配套两部分组成,但在经济不发达地区,往往是上级政府已经划拨了供养资金,但乡级政府却无力划拨相应的供养资金,其供养资金事实上只有上级政府划拨的那一部分。①

在构建和谐社会和建设社会主义新农村的背景下,为了强化五保供养服务机构建设,民政部启动了"农村五保供养服务设施建设霞光计划"。从2006年至2010年,五年总投入力争达到五十亿元左右,用于资助农村五保供养服务设施的建设。但是"霞光计划"在实施中,对集中供养率未达到50％的地区,民政部本级资金只资助新建和利用乡镇其他资源改建农村五保供养服务机构,不用于对现有农村五保供养服务机构的修缮或者改造,这在很大程度上很难缓解现有敬老院的运行困难状况。例如由于资金匮乏,湖南省湘潭市姜畲镇棋盘村规定只有65岁以上的老人才能进入敬老院,而湖南省双峰县规定入住敬老院的要求是无后裔、家里无住房、年龄达到60岁以上,老人入住后要求村上每年每人提供600斤谷。②

(二)五保供养制度难以操作化

农村税费改革之前,五保供养经费的紧张使得对五保供养资格的审核往往限制严格,出现很多村民符合五保供养条件,按规定应该享受五保供养待遇,但在现实中没有被纳入五保供养体系的现象。这种应保未保的问题,一方面与供养经费不足有关;另一方面也与五保供养对象认定资格的设计弹性有关。

2006年的《农村五保供养工作条例》,对五保供养制度的运行作了一些修订,但这些规定很多还只停留在原则性层面,并不具备实际操作性。其中五保供养对象界定的操作性不够仍是一个突出的问题。该《条例》以"无劳动能力、无生活来源、无法定赡养、抚养、扶养义务人(或者其法定赡养、抚养、扶养义务人无赡养、抚养、扶养能力的)"作为五保供养对象的界定条件。基于此规定,五保供养体系是一种权利基准型社会救助,只要申请者符合条例规定的标准,就可以享受五保供养的相关待遇。由于目前我国还没有相关的关于农民劳动能力鉴定的专门法律法规或技术性规范,该《条例》中规定的"无劳动能力"只能参考使用其他一些制度性文件的规定,将60周岁以上的老年人、16周岁以下的未成年人和残疾人视为无劳

---

① 邵芬,赵进维.我国农村五保供养法律制度研究.昆明学院学报,2009(4)
② 周继坚.老龄化冲击农村传统养老,专家称集中供养是趋势.公益时报,2009-2-10(3)

动能力人,①由各地根据实际情况予以贯彻实施。"无生活来源","无赡养、抚养、扶养能力"等条件在现实审核中也存在类似的主观弹性界定。

难以操作化的政策设计使得五保救助工作随意性大,救助对象的认定缺乏明确的标准。在五保供养的实践中,有的地方曾出现"政策搭车"现象,把特困户、困难户等都挤到五保户中来,有的只因为是"双女户"也给予救助。② 五保供养所涉及的对象和概念界定不够准确,直接损害了五保供养体系的运作,导致五保供养制度实施困难,出现偏离政策目标的情况。

(三)五保供养制度与其他农村社会救助制度的碎片化

现行的农村社会救助制度除五保供养外,还有特困家庭救助、临时救济、灾害救助、最低生活保障等平行救助项目。不断推出的新的社会救助制度,使得五保供养工作在农村社会救助体系中的地位逐渐边缘化。③ 与此同时,由于各种救助制度间缺乏沟通,各项政策的责任主体、资金来源、救助目标和标准都有很大差别。各项制度既有重叠交叉,也有覆盖不全,没有整合成为一个完整统一的社会救助体系。

(四)五保供养内容的落实困难

根据 2006 年《农村五保供养工作条例》的规定,农村五保供养包括下列内容:供给粮油、副食品和生活用燃料;供给服装、被褥等生活用品和零用钱;提供符合基本居住条件的住房;提供疾病治疗,对生活不能自理的给予照料;办理丧葬事宜。农村五保供养对象未满 16 周岁或者已满 16 周岁仍在接受义务教育的,应当保障他们依法接受义务教育所需费用。但五保供养的实际内容远比制度规定要少,除了"保葬"外,其他"四保"都不同程度地存在问题,在一些地区,五保实际上已经减变为两保(保吃、保葬)甚至一保(保吃)。

五保供养工作条例中规定的"保医"内容是最难落实的。由于五保对象多是各种疾病的高发人群,医疗费用花费较高,在一些地区五保户就医看病难问题比较突出。加上五保供养经费的紧张,无论集中供养还是分散供养,五保户的医疗需求问题都很突出,几乎所有的五保老人都对医疗费用非常担忧。

---

① 赵庆国,孔令文.农村五保供养机构的建设与管理.北京:中国农业出版社,2008,第 14 页
② 高鉴国,展敏.资产建设与社会发展.北京:社会科学文献出版社,2005,第 309~310 页
③ 巫永平.公共管理评论.北京:清华大学出版社,2004,第 62 页

2006年新《条例》中规定,农村五保供养对象的疾病治疗,应当与当地农村合作医疗和农村医疗救助制度相衔接。在实践中,各级民政部门资助农村五保供养对象参加新型农村合作医疗,纳入农村医疗保障体系,同时对患大病经合作医疗补偿后仍有困难的农村五保供养对象,主要是通过农村医疗救助制度实行二次救助。但五保供养对象是各种疾病的高发人群,也给新型农村合作医疗制度带来冲击。此外,五保老人生病住院的护理费用无法从新型农村合作医疗和农村医疗救助中补偿,也无法在敬老院的日常开支中获得列支渠道。因此,如何彻底解决五保供养对象"保医"的难题,依旧需要进一步探讨。①

三、我国农村五保供养制度的发展方向

(一)加强五保供养的制度化建设

五保供养工作的制度化建设是开启并突破农村五保供养"瓶颈"的关键。为此,需要明确划分政府的角色:上级政府应该承担经费提供者的角色,基层政府应该承担服务递送者的角色。五保供养体系制度化的关键是确定各级政府合理分担财政负担的比重。五保供养及相关社会问题可纳入农村社会保障体制改革的框架内,加以通盘考虑。

2006年的《农村五保供养工作条例》强调五保供养资金应由政府融资,从财政中划拨。但在供养经费具体到各级政府的承担比例问题上,意见并不统一。结合我国实际,把农村五保供养经费的主要承担者界定为县级政府较为合适。一方面,将五保供养服务由目前的村级组织转移给县级以上政府,是因为县级以上政府有条件集中管理风险,更好地为五保对象提供服务。如五保资金集中使用,可平衡县、乡镇、村组的区域差异,减少层层扣减现象,强化管理能力,提高资金的配置效率。② 目前,城市最低生活保障、城乡医疗救助和农村最低生活保障的管理主体都是县级人民政府民政部门,五保供养工作以县为主管理,可以为做好各项社会救助制度的衔接奠定良好的制度基础。另一方面,乡镇政权的设置一直处于改革变动之中,未来走向也是一个变数;相反,县级政权设置稳定,比较适合作为五保供养工作的责任主体。同时,县域内敬老院统一安排,可以增加五保对象的选择度,促

---

① 赖志杰,赖永锋.五问题困扰农村五保供养.社会工作,2009(1)

② 杨团,张时飞.当前我国农村五保供养制度的困境与出路.江苏社会科学,2004(3)

进敬老院改善服务和提高效率。①

(二)培育五保供养的多元主体格局

在社会救助体系中,政府虽然是五保供养的供给主体,但仅靠政府是不够的,一个完善的救助制度需要政府和社会的共同参与。在目前的五保供养中,社会力量参与不足是一个重要的缺陷,加上缺乏有效的宣传和激励机制,社会主动为五保对象捐款捐物的人和机构并不多,这在一定程度上也影响了五保供养的发展与有效实施。

为促进社会保障的社会化发展,在政府提供最基本的、制度性保障的同时,要积极动员与引导社会力量支持五保供养工作,探索建立多元筹资体制,扩大救助资金的来源渠道;鼓励社会组织和个人为农村五保供养对象和农村五保供养工作提供捐助和服务,整合服务资源,协调公益行动;推进非政府力量和社会成员之间的社会互助,形成以政府为主导、以非政府力量为补充、立体交叉、纵横交错的多元化社会救助系统。

(三)建立农村综合性社会救助体系

五保供养并非简单的生活救助问题,而是一个综合性的社会救助体系。它不仅包含最基本的吃穿住等基本救助,还应包括看病、养老、教育等辅助救助内容。由于目前各种农村社会救助制度没有进行综合性设计,农村五保供养与农村居民最低生活保障政策、农村新型合作医疗政策、农村养老保险政策等在制度设计和实施上存在大量不衔接、不规范的问题,而且救助对象划分复杂,救助工作行政成本很高。所以,目前最为紧迫的工作是把农村各种救助制度整合为一个综合性的社会救助体系。

要把农村五保供养工作纳入当地经济社会发展的全局,统筹规划,以现有的基本生活救助作为基础和重点,将现有的医疗、养老、教育等辅助性救助项目适当加以整合归并,使整体制度更加简约和易于操作。通过整合各部门资源,进行优化配置,实现扶危解困的效益最大化。

毫无疑问,一个综合有效的农村社会救助体系将直接解决农村五保户的供养问题。而随着综合性社会救助体系的逐渐建立与完善,五保供养体系也将最终完成其历史使命。

---

① 贡森,王列军.农村五保供养工作的政策分析与建议.社会福利,2003(12)

第三节　农村最低生活保障制度

农村最低生活保障制度是由国家和集体对家庭人均收入低于当地最低生活保障标准的农村居民实施现金、实物或者服务帮助的救助制度。它是农村社会救助中最普遍、最稳定、最可靠的一种救助制度,覆盖农村所有收入水平低于最低生活保障线的贫困者,包括因病、因灾、因老、因孤等原因造成家庭生活困难的群体。作为农村特困户救助的重要组成部分,它的建立不仅是改革与完善农村社会救助制度的重大举措,也是尽快建立农村社会保障体系的关键所在。

一、农村最低生活保障制度的实施

(一)保障对象

农村最低生活保障制度指家庭成员人均收入低于当地最低生活保障标准的农村居民,由国家和乡村集体发放保障金,保障他们的基本生活。农村最低生活保障的对象主要包括以下人员:(1)因疾病或残疾大部分丧失劳动能力,家庭生活困难者;(2)家庭人口多,缺少劳动力,造成生活困难者;(3)因灾害、事故等造成家庭收入减少或主要劳力死亡,家庭生活困难者。

(二)保障标准

目前各地的保障标准是本着"低标准起步","既要能保障基本生活,又要有利于克服依赖思想"的原则,区、县人民政府根据当地农村居民维持最基本生活所必需的吃、穿、住、用等费用标准制定,并报上级人民政府备案后公布执行。有些地区则是区县制定指导标准,各乡镇根据自身实际情况加以调整。

各地在制定标准时,主要考虑以下四个方面的因素:(1)维持农村居民的最基本生活;(2)当地农村经济发展水平,主要考虑当地人均国民生产总值、农民人均纯收入等;(3)地方财政和村集体的承受能力;(4)物价上涨指数。

(三)保障方式

最低生活保障方式可以灵活多样,主要有三种方式:一是发放救济金;

二是发给部分救济金和部分实物(如粮款结合的方式,即首先满足人均口粮的救助,以粮抵款,差额部分发给现金);三是制定优惠政策,如对保障对象减免提留款、统筹款和各种集资款等。除此之外,很多地方发动社会力量普遍开展了多种形式的社会互助活动,通过与保障对象"结对子"的形式进行帮扶。

(四)保障资金

目前,由于我国农村特困人口较多且国家财力有限,难以负担全部农村低保资金,在保障资金来源上实施地方财政和村集体共同负担,并由各地根据实际情况确定各级财政和村集体的负担比例:一是由市、县、乡、村四级按一定比例承担,比例为 2：3：3：2；二是由市、县、乡三级负担,比例为 5：3：2 或 4：4：2；三是由县、乡两级负担,比例为 5：5 或 6：4。经济条件好的地方,乡村集体负担的比重大一些;经济条件差的地方,县一级财政负担的比重大一些。

另外,有些地区探索建立多渠道筹集保障资金的机制,广泛借助社会力量,组织社会募捐、义演等慈善活动,依靠民间力量筹措低保资金。

(五)保障管理

最低生活保障资金的管理可采取的方式有两种:一是将保障资金集中到县一级统一管理,实行专户转账,按时下拨到乡镇统一发放;二是各级政府财政负担的资金集中到县一级统一管理,村集体负担的资金,可由村集体直接与保障对象签订合同或协议,按时发放。

二、农村最低生活保障制度的五种模式

在农村低保制度的探索和实施过程中,各地方政府结合当地实际情况与特色,积极探索以不同的方式来保障经济困难农户的生活,各地形成了不同的模式,其中又以上海、浙江、长沙、烟台、平泉五种模式较有特色,[①]也得到了较多的认同。

(一)上海模式

上海模式主要以上海市为代表,包括浙江省萧山、东阳和江苏省无锡等地。这些地区位于东部沿海,是全国经济较为发达的地区,农村社会保障水

---

① 谈志林．关于我国农村最低生活保障工作的分析探讨．中国社会报,2000－6－21

平也相对较高。上海农村低保模式的特点主要体现在：第一，市民政部门不发专文，不统一制定保障线；第二，各区（县、市）自行制定保障标准，自行承担救助经费，自行操作，有较大的自主权；第三，保障标准较高，保障力度较强，以资金保障为主；第四，将农村最低生活保障工作纳入扶贫工作体系，作为扶持新农村建设的一个重要组成部分；第五，缺乏相关法律制度等约束，管理相对松散。这种模式主要适用于发达地区，保障起点较高。

（二）浙江模式

主要以浙江省各市、县（区）的农村为代表。浙江省从一开始就选择了城乡一体化的"低保"方针，提出："统筹考虑城镇居民和农村居民基本生活的需要，实行城乡联动，整体推进，抓紧建立面向城乡居民的最低生活保障制度"的总体要求，并采取分步推进的办法，逐步摸索，积累经验，对农村贫困人口基本上做到了不同水平的应保尽保。2001年，该省颁布并实施《浙江省最低生活保障办法》，该办法规定："凡家庭人均收入低于其户籍所在县市最低生活保障标准的城乡居民，除本办法有特别规定的外，均有从当地政府获得基本生活物质帮助的权利"。该规定给予城乡居民以平等的生存救助权，被国内誉为农村低保的"浙江模式"。浙江省能够采用城乡一体化的低保模式，主要原因是其地方经济较为发达，各级财政能够承担城乡一体化的居民最低生活保障的费用支出。浙江模式的特点是：第一，城乡居民享有平等的生存救助权；第二，所需资金由县（市、区）级政府财政承担，省级财政对有财政困难的县（市、区）酌情提供补助；第三，救助方式灵活多样；第四，管理程序科学规范。[①]

（三）长沙模式

长沙模式主要以湖南省长沙市为代表，包括宁乡县等地。这些地区位于我国中部地区，经济发展水平略落后于东部地区，农村的建设也落后于东部地区。该模式的农村低保制度体现的特点是：第一，以县为单位确定保障线底线，各乡镇自行调节；第二，以实物保障为主，保障标准按当地人均年需口粮折算，缺乏科学性，但有较强的针对性；第三，资金承担比例视各乡镇经济状况而定，超出底线部分的救助经费县财政不予承担。这种模式比较适合经济发展水平中等的地区，但制度很不完善，保障水平也比较低。

---

① 朱明芬. 浙江省农村最低生活保障制度的现状分析与思考. 中共杭州市委党校学报，2005(4)

(四)烟台模式

烟台模式主要以山东省烟台市为代表,包括青岛市、威海市等地。这些地区也位于东部沿海,是山东省经济比较发达的地区,农村经济发展水平较高。其实施农村最低生活保障制度的特点是:第一,保障标准起步较低,保障面逐步铺开;第二,全市确定保障线底线,各区(县、市)结合实际情况,自行调节保障标准;第三,保障资金由市、县(市)、乡(镇)、村四级分担,体现了权利与义务相统一的原则;第四,以家庭保障为主,政府资金保障和集体实物保障互相结合、互相补充;第五,低保操作规范,管理初步形成体系。这种模式适合于农村经济发展较好的地区。

(五)平泉模式

平泉县位于河北、辽宁、内蒙古三省(区)交界处,属于欠发达地区,是民政部农村最低生活保障工作试点县。主要以河北平泉为代表的平泉模式,其农村低保制度所表现出的特点是:第一,保障标准统一,有明确的规定;第二,资金承担比例统一,县、乡(镇)、村承担的比例分别为 4∶2∶4;第三,物质保障与服务保障相结合,既提供资金上的扶持,同时又结合当地农村发展的实际情况相应实施脱贫致富;第四,工作组织健全,管理规范,具有较强的操作性。这种模式相对比较规范、也比较明确,但是保障水平比较低。因为在资金支出中,基层组织承担的比例过大,但基层组织的收入来源有限,这会影响到制度运行的持续性。

三、农村最低生活保障制度存在的问题

农村最低生活保障制度经历了二十多年的探索实践,在一些地方实践中出现了保障范围窄、保障标准制定难、保障对象识别难、保障资金落实难等问题。与之同时出现的问题,还有政策实施方面的困难。

(一)农村收入统计较为困难

与城镇居民相比,农村居民收入有其自身特点,使得在进行收入界定时存在一定困难:(1)收入难以货币化。由于农村居民收入中粮食等食物收入占相当比重,在价值转化过程中,存在较大的随意性。(2)收入的不稳定性。除农作物收成的季节性及受自然灾害的影响较大等因素外,外出务工人员的增加,也增加了收入的不稳定性。(3)由于农村养老金制度远未普及,那些丧失劳动能力和经济来源的老年人口的生活、就医、子女求学等方面的困

难加大[①]。

（二）低保资金难以落实到位

城市最低生活保障资金一开始就由地方人民政府列入财政预算，纳入社会救济专项资金支出项目，专项管理，专款专用。至于农村低保的资金来源，在1996年民政部下发的《农村社会保障建设指导方案》中，明确规定主要由当地各级财政和村集体分担，其中集体分担的经费从公益金中列支，到底由哪级财政负责尚未具体明确。

从已建立农村低保的地区来看，各地采取的是地方财政和乡村集体共同负担的办法，具体分担比例视当地经济情况而定，乡村经济条件好则乡村集体分担比例大一些，乡村经济比较差的则由县级财政负担重头，在落后地区，由于村集体经济实际已成空壳，有些甚至是负债累累，市县级财政也不富裕，地方财政和乡村集体经济都无能力负担。

（三）相关部门认识上不统一

有不少地方的政府部门认为低保工作固然重要，但是经济发展更加重要，因此只能在政策上予以支持，很难落实到具体实施上。现行的工作方式带有浓厚的行政色彩，随意性很大，钱多了就多保一点，钱少了就少保一点，因钱定人。

有些地方部分认为，同是作为弱势群体的农村居民与城市居民相比，前者最起码还拥有赖以生存的生产资料——土地，而城市三无人员、下岗人员等，失去工作就失去了一切经济来源，因此，城市低保工作比农村低保工作更迫切、更重要。他们在实践中重视城市低保工作，忽视和轻视农村低保工作。

（四）管理机制上的困难

（1）很难动态地确定低保对象。正是由于收入波动的原因，农村的低保政策应该是实时调整的，但动态确定低保对象必须需要相应的管理制度和管理人员，这又加大了制度的成本，使本来就匮乏的资金更加困难。在户籍制度放开、人口流动频繁的新形势下，农村低保工作管理难度进一步加大。由于农村居民居住地相对分散，而基层民政部门人员较少，由乡村两级逐一调查核实的工作量较大。

（2）资金调拨的困难。主观层面上，部分基层政府部门对农村低保工作

---

① 杨勇刚，杨文杰．对建立可行的农村低保制度探讨．经济论坛，2004(9)

的重要性认识不足,造成资金的挤占挪用;客观层面上,低保资金来源渠道单一,完全依赖财政投入。不少欠发达地区的财政收支状况尚属"吃饭财政",依靠财政解决城市低保问题已勉为其难,对面更广、量更大的农村低保工作,供需矛盾突出、资金缺口难以弥补,这是制约农村低保工作整体推进的一个客观问题[1]。

(3)救助资源未能统一布局。我国农村目前对于贫困人口的救助方式有以下几种:一是五保户供养制度;二是贫困人口的临时救济制度;三是定期救济制度;四是专项救济制度。此外,还有社会上各种捐赠帮扶行为,既有资金,也有实物,救济资源分散,救济制度各成一体,各行其是,整个农村救助工作缺乏统筹规划和长远设计,难成一体,形不成合力。农村救济管理工作也比较粗放,操作不规范,一方面造成救济资源的浪费,另一方面又使得一些急需救济的农民得不到救济,使得有限的救助资源没有得到有效的利用[2]。

四、农村最低生活保障制度的发展趋势

(一)加强政府在农村最低生活保障制度中的主导作用

今后,在农村低保制度的发展过程中,各级政府的主导作用主要体现在资金、政策支持等方面。

1. 资金保障

稳定、可靠的资金渠道是建立社会救助制度、形成对农村低收入群体的长效救助机制的关键。对一个地区间经济发展极不平衡的国家来说,完全依靠地方政府和集体经济组织负责筹集救助资金的结果必然是政府缺位或不到位。一方面,在地方财政能力无法维持自身行政支出的情况下,贫困群体很难从政府得到有效的救助;另一方面,在经济相对落后的地区,社会救助的资金渠道极其有限,而依靠子女赡养或土地保障也是不能完全解决贫困问题的。因此,为保证农村低保制度等社会救助制度的运行具有稳定而可靠的资金来源,中央政府必须扮演更加积极的角色,通过建立农村低保专项资金,使各地特别是经济相对落后地区的农村低保资金得到保障。

---

① 吴必英,林志伟.建立我国农村最低社会保障制度的思考.经济纵横,2004(3)
② 包利民.依靠政府的长效机制建立农民最低生活保障制度.农业经济,2005(11)

2. 政策激励

建立有效的、能够覆盖所有政策对象的农村低保制度,单纯依靠部门文件、法律法规是不够的。中央政府应当通过积极的财政政策和经济激励政策,调动地方政府推进农村低保制度的积极性和主动性。应该看到,农村税费改革和取消农业税后,村提留被取消,县乡两级财政收入减少。在这种情况下,对贫困人口的生活救助必然与地方的其他发展目标形成资源竞争的局面:显然,地方政府在这一资源配置或权衡过程中,如不能把对贫困人口的救助列入优先需要满足的议事日程,贫困人口将会处于更加不利的局面。因此,发挥国家政策的激励作用显得尤为必要。

3. 地区平衡

目前我国各地不仅经济发展不平衡,社会保障水平也出现了两极分化的局面,在广大农村地区尤为突出。其中一个重要原因就是农村社会福利和社会服务事业多年来一直由地方政府承担,缺少在全国范围内的再分配调节机制。因此,中央政府今后的发展方向就是需要对以往由地方政府承担社会服务和社会福利的财政体制加以调整,通过在中央建立各类农村社会救助和社会服务的专项资金,加大对中西部地区的财政转移支付力度,从而努力降低地区间的经济和社会发展差异。

(二)加强农村低保对象的动态管理

建立健全低保退出机制是加强低保对象动态管理的有效途径,重点在于做好以下三个方面的工作。

1. 随时关注农村家庭收入的变化

客观、科学、及时地监测农村贫困人群家庭收入的变化情况,一旦受助家庭人均收入超过低保线标准或有违享受低保待遇的相关规定,则自动取消其享受低保的资格。如《浙江省最低生活保障办法》中就规定:家庭有就业能力的成员无正当理由拒绝就业,不自食其力的;家庭拥有闲置的生产性设施或除住房等基本生活必需品外的非生产性设施、物品,按变现后计算,人均值为当地最低生活保障标准 6 倍以上的;家庭实际生活水平明显高于当地最低生活保障标准的,不予批准享受农村最低生活保障。

2. 实行人性化管理

主要是指让农村贫困人口感受到"进入低保不受歧视,退出低保光荣"。

必须实施低保制度促进就业机制,实行最低生活保障与就业、再就业有机结合,提高救助对象的就业能力,以最终达到就业脱贫。[①]

3. 拓宽就业渠道,实施救助渐退政策

对有劳动能力而无劳动意愿的低保人员,基层组织以介绍两次工作为限。一次介绍后,若因劳动者故意而丧失工作机会,则在随后的半年内对其本人享受的低保金进行逐月抵扣;二次介绍工作又因自身过错而失业,则取消其本人的低保资格。与此同时,对就业者实施就业奖励,即当地最低工资标准与低保标准的差额不计入家庭收入。若扣除就业奖励后,家庭收入超过当地低保标准的,则实行救助渐退政策。此项工作的重点就是要让有劳动能力和就业愿望的人员重新就业,帮助零就业家庭成员至少一人实现就业或再就业。从而实现低保制度在保证困难群众基本生活的同时,又能促进困难群众积极就业,逐渐形成低保渐退的机制。[②]

(三)重视民间团体,发挥民间作用

农村低保工作并不仅仅是政府的事情,还应该使之成为一项全民参与的社会行动,充分发挥民间力量,形成政府和民间互动、互补的多元救助模式。这将成为今后农村低保工作的发展方向。

目前,社会上有不少以慈善为目标的社会团体,它们在解决特殊困难和重大困难方面具有灵活、针对性强的特点。在开展农村低保工作的过程中,引入这类社团组织,能够有效配合政府多方面的工作,实现良好的效益。一方面,政府可以出面指定一些信誉好、效益佳的社会公益组织,专门承担为特定低保对象、项目进行社会募捐及实施救助,同时广泛开展社会捐赠活动,这样可以使低保资金的筹集渠道更趋多元化,避免各级政府的财政压力;另一方面,可以尝试以社会团体、社会知名人士和学术界专业人士建立民间性质的农村低保制度社会监督委员会,对现行农村低保制度进行评估、建议,从而完善农村低保制度的社会监督机制。

(四)完善农村低保制度的组织管理体系

农村最低生活保障工作最初作为地方的行政行为,从一开始就没有专门的机构和人员来从事这项服务工作。随着农村最低生活保障制度的推广

---

① 贺大姣. 农村低保制度的操作程度及组织机构探析. 求实,2008(2)

② 计时华委员代表民革浙江省委会的发言——加强动态管理,进一步落实完善最低生活保障制度. 浙江省政协网站

和发展,建立健全组织机构,配备专门的工作人员,加强农村低保工作的规范化和制度化建设,就对完善农村最低生活保障制度有着重大的意义。社会救助管理的专业化、职业化,是现代社会救助工作的发展方向,也将成为农村低保工作管理体系的发展方向。

第四节　灾害救助制度

作为社会救助的重要组成部分,灾害救助的社会本质在于坚持以人为本,通过在特殊的社会状态下维护和保障灾民的基本生活需要,以解决灾害社会问题,努力减少人员伤亡,最大限度地减轻国家和人民群众的财产损失,尽快恢复基础设施,维护社会稳定。

一、灾害救助的基本内涵

灾害救助是一个内涵和外延都比较广泛的范畴,它是指为了让灾民摆脱生存危机,国家和社会依法向遭受自然灾害袭击而造成生活贫困的社会成员进行抢救和援助,在衣、食、住、医疗等基本生活资料方面给予其最低生活水平保障,帮助灾民确立自行生存能力的社会救助项目。灾害社会救助,不仅较全面地包括了受灾中和受灾后及时且持续的帮助,同时还强调了在切实解决灾民基本生活的前提下,帮助灾民重建生产,脱贫致富,提高抵御灾害的能力。

自然灾害具有强大的破坏性,它可以摧毁人类的家园,使人们多年积累的财富毁于一旦,使人民生活陷入困境。灾害发生后,灾民的生活需要政府和社会给予救助,灾后的重建也需要政府与社会的帮助和扶持,因此,灾害救助是世界各国社会救助制度的一项经常的重要内容。

二、灾害救助的特点

灾害救助的特点主要有以下五方面。

(1)灾害救助具有一定的实施限制。自然灾害救助只有公民遭受自然灾害侵袭而生活无着时,才具备实施的基础。

(2)灾害救助是紧急救助。自然灾害救助所提供的资金和物资是急需的,能够维持灾民最低的生活水平的物资。比如,矿泉水、方便面、蔬菜、大米等。

(3)灾害救助是短期救助。自然灾害中,政府都会组织灾民进行生产自救,政府启动的直接经济救助只是临时性救助措施。

(4)灾害救助资金由国家财政和地方财政解决。原则上,一般自然灾害由地方财政救济;特大自然灾害由中央财政救助。

(5)灾害救助的另一个资金来源渠道是社会捐赠。社会捐赠是弥补自然灾害救助资金不足、减轻国家负担的重要渠道。需要强调的是,在社会捐赠资金的管理上,相关部门一定要认真负责,保证资金的得到切实的利用。

三、灾害救助的程序

(一)应急准备

应急准备主要包括资金准备;物资准备;通信和信息准备;救灾准备;人力资源准备;社会动员准备;宣传培训和演练等方面的内容。

(二)预警预报与信息管理

预警预报与信息管理主要包括以下几个内容灾害预警预报、灾害信息共享和灾害信息管理三个内容。其中灾害信息管理包括对自然灾害发生前的预警预报管理,灾害信息的共享的管理,以及自然灾害发生后报告、灾情信息管理。

(三)启动应急响应

根据自然灾害的性质、严重程度、可控性等因素,启动四级响应措施。

(1)重特大自然灾害,启动Ⅰ级响应。减灾委接到灾情报告后第一时间向国务院提出启动Ⅰ级响应的建议,由国务院决定进入Ⅰ级响应。

(2)重特大自然灾害,启动Ⅱ级响应。减灾委秘书长(民政部副部长)在接到灾情报告后第一时间向减灾委副主任(民政部部长)提出启动Ⅱ级响应的建议,由减灾委副主任决定进入Ⅱ级响应。

(3)重特大自然灾害,启动Ⅲ级响应。减灾委办公室在接到灾情报告后第一时间向减灾委秘书长(民政部副部长)提出启动Ⅲ级响应的建议,由减灾委秘书长决定进入Ⅲ级响应。

(4)重特大自然灾害,启动Ⅳ级响应。减灾委办公室在接到灾情报告后第一时间决定进入Ⅳ级响应。

（四）应急响应措施

（1）Ⅰ级响应措施。由减灾委主任统一领导,组织抗灾救灾工作。民政部接到灾害发生信息后,2小时内向国务院和减灾委主任报告,之后及时持续报告有关情况。国务院在灾害发生24小时内下拨救灾应急资金,协调调运救灾物资。

（2）Ⅱ级响应措施。民政部成立救灾应急指挥部,实行联合办公,组成紧急救援(综合)组、灾害信息组、救灾捐赠组、宣传报道组和后勤保障组等抗灾救灾工作小组,统一组织开展抗灾救灾工作。

（3）Ⅲ级响应措施。减灾委办公室,全国抗灾救灾综合协调办公室及时与有关成员单位联系,沟通灾害信息;组织召开会商会,分析灾区形势,研究落实对灾区的抗灾救灾支持措施;组织有关部门共同听取有关省(区、市)的情况汇报;协调有关部门向灾区派出联合工作组。

（4）Ⅳ级响应措施。由减灾委办公室、全国抗灾救灾综合协调办公室主任组织协调灾害救助工作。减灾委办公室全国抗灾救灾综合协调办公室及时与有关成员单位联系,沟通灾害信息;向有关部门落实对灾区的抗灾救灾支持;视情况向灾区派出工作组。

（五）终止应急响应

（1）终止Ⅰ级响应。灾区灾情以及相关工作稳定后,由减灾委主任决定终止Ⅰ级响应。

（2）终止Ⅱ级响应。灾区灾情以及相关工作稳定后,由减灾委副主任决定终止Ⅱ级响应。

（3）终止Ⅲ级响应。灾区灾情以及相关工作稳定后,由减灾委秘书长决定终止Ⅲ级响应,报告减灾委副主任。

（4）终止Ⅳ级响应。灾区灾情以及相关工作稳定后,由减灾委办公室、全国抗灾救灾综合协调办公室主任决定终止Ⅳ级响应,报告减灾委秘书长。

（六）灾后救助与恢复重建

灾后救助,是指国家和社会根据相关的补助标准和补助条件对确认需要政府救济的灾民,进行粮食和资金的救助。

恢复重建,是指政府根据灾情和地区实际情况制定的恢复重建方针、目标、政策、重建进度给予资金支持和优惠。

第五节 我国农村贫困的成因及扶贫开发

贫困不仅是一个极为复杂的社会经济现象,同时还被认为是一个政治现象。这是因为它涉及政治、经济、社会、文化、心理和生理等各个方面。我国农村贫困是一个众所周知的事实,缓解和消除贫困仍然是中国今后一项长期的历史任务。

一、我国农村贫困的成因

(一)发展机制问题

由于历史原因和政策的倾斜,农村发展体制和机制很不健全。新中国成立初至改革开放前,我国实行了"优先发展重工业从而带动国家工业化"的发展战略和"重积累,轻消费"的方针,建立了比较完整的工业体系。但是,在工农关系、城乡关系上,却形成了二元结构以及城市居民和农村居民两大利益集团。我国一直实行的是抽农补工的政策措施,通过价格剪刀差取走了很大一部分农民的利益。我国长期以来实行的这种城乡分治、一国两策的制度和体制,使农民在长达近半个世纪的时间里,在政治、经济、文化、教育和税费负担等方面处于不公平、不合理的地位,国家的公共资源和公共支出等不是向贫困落后的农村地区流入,而是源源不断地流向了相对富裕的城市地区。

尽管我们在现今阶段,将新农村建设问题放在了战略位置,但我国农村的发展机制仍然有很多缺陷,主要表现在:(1)我国社会主义城乡统一市场体系尚未形成,价格等市场经济杠杆调节机制尚未成为资源分配的根本性手段;(2)城乡割据、地方封锁的割据尚未被根本打破;(3)农村市场经济发展的滞后,使农产品销售困难的情况时有发生;(4)农村社会发展环境整合程度低。农村发展需要社会环境和社会结构的优化,尽管改革开放以来,农村社会已经过前所未有的分化而达到新的优化整合,但作为一个发展中国家的农村,整合程度仍然很低,城乡经济、社会二元结构仍未得到根本的改变。

(二)能力存量问题

我国贫困人口的能力存量偏低。要进行发展,相应人口必须具备相应的知识发展水平和能力水平,而我国贫困农户劳动力受教育程度普遍不高。从个人能力状态角度分析来看,我国的贫困是典型的发展型贫困。知识贫困对贫困农村发展的制约是深刻而直接的,其消极影响体现在贫困农村社会生活的各个方面。段世江、石春玲认为能力贫困对农村发展造成了两方面的恶劣影响:第一,低素质劳动力群体所构成的"低素质屏障效应"对贫困农村社会经济发展的制约;知识贫困与落后生产生活方式相叠加,形成了一个恶性循环。在这一循环状态的作用下,人们对知识难以产生有效需求。这种屏障效应还阻隔了贫困农村经济社会发展机制与外部社会的有效结合,弱化甚至化解了外部社会先进的经济文化浪潮对贫困农村冲击的势头,因而更加强化了贫困农村的社会封闭性和贫穷落后的现实状态。第二,知识贫困直接导致农民的经济贫困。有效进行产业结构调整,发展多种经营是当前农民增收的主要手段,贫困地区也同样如此。但是,与此相关的资源开发和转换、生产方式的选择和调整、农业生产的拓展、先进技术的生产运用、对经济机会的把握以及向其他产业的渗透等都受到劳动力知识水平的制约[1]。

(三)自然和历史因素

中国农业基本上是资源依赖性的经济,农民靠天吃饭,对自然的依赖性很强,因而山穷水恶、生态脆弱的地区大多为绝对贫困的地区。据有关资料统计,我国绝大多数贫困县地处与邻国接壤的边界或省区的地界区域,地势险峻且远离中心城市,生存条件非常恶劣,贫困自然存在。学者钟超在2005年就提到我国贫困地区有很多共同特点。如地处穷山恶水、地域偏远、交通不便、信息不灵;生态失调、人畜饮水困难、水土流失严重、荒漠化、耕地缺乏、资源缺乏、基本生产生活条件恶劣;农业装备水平低,基础建设差,生产力水平低,等等[2]。除了自然因素的束缚外,对这些贫困地区的分析还不能抛开历史联系。这些地区由于经济发展迟缓,造成整体的观念落后于现代文明,这反过来又形成了对发展的误导或制约。主要表现为:(1)各级领导观念落后。这是非常重要的一点,因为这是制定发展战略和政策的思想基础;(2)农村居民的低层次心理状态和落后陈旧的观念,这是影响他们自身发展的根本的主观原因,如愚昧无知、保守、傲慢,恋土恋乡,不愿进行社会流动,不愿接受先进的科学技术,缺乏商品经济观念,"小富即安,甚至不富即安",等等。

---

① 段世江,石春玲."能力贫困"与农村反贫困视角选择.中国人口科学,2005(S1)
② 钟超.产生我国农村贫困的因素分析.前沿,2005(4)

(四)信息缺乏问题

经济发展中必然面临不确定性,按照奈特在其著作《风险、利润和不确定性》中的论断,不确定性主要来自信息和能力的分散性,而农村之中知识的交流量和信息的占有量和城市相比也是较为局限的。衡量交流知识能力的指标主要指获得和使用信息交流工具,如报纸、电视、电话等。农村尽管也有这些工具,但在贫困农村,报纸是村委会为完成上级分派的任务而订的,一般很少有人看;电话主要是村委会有,村委会相关人员可以使用;互联网则受经济水平及需求的限制更是少见。尽管电视机拥有比例不低,但在贫困地区尤其是边远山区,能接收到的频道很少,效果很差。因此,贫困农村绝大部分人口,没有机会和能力通过这些渠道获得信息和交流知识。

二、我国农村扶贫开发政策优化

农村扶贫开发是指国家和社会对贫困地区、农村贫困户,从政策、资金、物质、技术、信息等方面进行扶持,致力于发展生产,消除贫困。改革开放30多年来,随着国民经济的持续快速增长和政府采取强有力的扶贫措施,贫困现象得到了大幅度、大面积的缓解,研究和优化扶贫开发政策,让更多的贫困人民摆脱贫困。

(一)整合扶贫开发的管理体制,理顺扶贫管理机制

在开发式扶贫战略指导下,其基本假设是通过经济快速发展带来经济总量的增加,试图通过就业和农业投资带动农村经济增长和农民收入的提高。但是,经济发展和扶贫政策的效益由于受到贫富差距、自然环境的影响,难以涓滴到绝对贫困阶层,农村绝对贫困户的境遇仍难以转变,扶贫资金的减贫效益呈现边际递减。这势必需要考虑经济开发式扶贫战略的合理性。所以,当前必须确立以穷人生计安全为中心的理念,促使缓贫战略坚持保护与开发相结合。这就在客观上要求将社会发展的内容作为扶贫开发工作的主要内容,意味着由民政部主导的农村低保工作,由教育、卫生、水利、交通等部门主导的涉及扶贫工作的农村发展工作,都必须与国务院扶贫办所执行的扶贫开发工作相结合。

(二)树立法治观念并利用制度刚性走向制度扶贫

政策扶贫具有灵活性的优点,但也具有非刚性的弱点。目前,滥用职权挪用扶贫资金,夸大虚报扶贫成绩,甚至贪污腐败和利用裙带关系享受扶贫

资源等现象时有发生;在贫困治理缺乏法律保障的情况下,相关主体的权利和义务、责任不明晰。制度性扶贫用法律的形式来界定贫困标准、反贫对象、反贫主体、反贫方式,并按照法律制度实施反贫,这对于减少目前政策扶贫过程中的人治因素、责任不清和腐败等问题有着刚性的约束力。制度扶贫的核心是要制定《反贫困法》,通过《反贫困法》明确反贫困的宗旨、主体、对象、标准、目标、内容、途径、方式、措施,以法制的强制力推进反贫困活动,同时辅以相应的政策以弥补法律的不足,从而使贫困治理逐步走向依法治理和可持续治理的道路。

(三)建立扶贫项目监测评估系统,完善准入退出机制

真正的贫困人口之所以难以受益或者受益相对较少,主要原因在于各种外部因素造成的贫困群体难以进入项目,以及项目与他们的需求难以对接;所实施项目的缓贫效果和影响不理想,这可能源于对扶贫项目的设计缺乏科学性;地方扶贫管理部门缺乏对扶贫资源投入进行监测评估的系统方法。扶贫资源的投入涉及产出、结果和影响三个方面,而地方扶贫管理部门除了进行一部分项目验收活动以外,均无法提供系统的有关产出、结果和影响的分析报告。这些都为确保扶贫资源的投入真正授益于贫困群体造成了管理层面上的障碍。

由于缺乏这样一个系统,扶贫资源投入过程无法做到及时的反馈和纠正,很多项目实施了但效果如何,产生了什么影响,均无法及时准确了解。村级扶贫规划过程应引入项目逻辑框架管理法,对各种产出、效果和影响给出指标,然后由扶贫部门按照指标的实现与否进行监测与评价,对项目实施效果进行监控,对于扶贫资源的享受资格进行核定,建立准入和退出机制,保障扶贫资源能达到边际效益最大。

(四)创新扶贫项目,从源头上整合扶贫资金

将农村的开发式扶贫转化为以社会发展为中心的缓贫,以往的整村推进项目、劳动力转移培训项目、产业化扶贫项目等必须加以改进,在这些项目的基础上,建立诸如农村贫困户低保计划、贫困农户教育计划、贫困农户医疗安全计划、贫困村基础建设计划、贫困村农业技术服务计划、贫困农户小额信贷计划等类似的缓贫方案。中央统筹安排扶贫资金的管理和使用,所有扶贫资金由民政部门统一管理,集中使用。例如,在中央扶贫资金、中央财政扶贫专项资金中专门设立"整村推进扶贫资金",直接按规划下达到贫困村。其他部门按其专业性质和职能,对资金的使用行使技术指导和行政监督的权力。

第五章 我国新型农村社会福利
与优抚制度的建设

农村社会福利与优抚制度是我国农村社会保障制度的组成部分,它关系到农村人民的物质生活和精神生活。如何提高农村人民的生活质量,社会福利与优抚制度起着关键的作用。加强我国新型农村社会福利与优抚制度的建设是现在社会发展的必然过程,只有完善了农村社会福利与优抚制度,才能实现国家的共同富裕的目标。

第一节 我国新型农村社会福利
制度建设的主要内容

农村社会福利是农村社会保障体系的重要组成部分。在我国,农村社会福利是指政府或者社会力量为全面提高农民的物质、文化生活水平和质量,缩小城乡差距,而对农民进行帮助和扶持。

一、农村社会福利制度

农村社会福利制度主要从以下几个方面进行理解。

(一)农村社会福利事业的领导者

中国共产党是我国农村社会福利事业的领导者。中国共产党不仅是中国工人阶级的先锋队,同时也是中国人民和中华民族的先锋队,是中国特色社会主义事业的领导核心,代表中国先进生产力的发展要求,代表中国先进文化的前进方向,代表中国最广大人民的根本利益。我国的农村社会福利事业必须始终坚持党的领导。

（二）农村社会福利的享受者

农村社会福利的享受者是广大农民。有些福利是为全体农民提供的，有些福利则是为特定的农民群体提供的。比如，农村的医疗卫生福利、农村教育福利、农村文化福利等，是为全体农民提供的；农村老年人福利、农村未成年人福利、农村残障者福利和农村妇女福利则是为农村老年人、未成年人、残障者以及妇女等特定群体提供的。

（三）农村社会福利的推动者和实施者

中央人民政府和地方各级人民政府以及一些社会团体是农村社会福利事业的推动者和实施者。对政府部门来说，中华人民共和国民政、教育、卫生以及水利、交通、建设、通信、能源、环境等部门共同推动农村社会福利事业的发展。对社会团体来说，慈善机构、妇联、残联、农村团组织等社会团体与我国农村社会福利事业关系密切。

（四）农村社会福利的目的

农村社会福利的目的是全面提高农民的物质、文化生活条件，建立并维护良好的农村社会关系，建立并维护良好的农村社会秩序，逐步缩小城乡差别，维护和促进国家和社会的和谐与稳定，促进以共同富裕为价值目标的社会主义本质的实现，实现美好的社会主义的社会理想。

（五）农村社会福利的内容

农村社会福利的主要内容是政府或者社会力量为广大农民提供的物质、文化帮助措施。具体来说，农村社会福利的内容主要包括：农村教育福利、农村医疗卫生福利、农村文化福利、农村老年人福利、农村未成年人福利、农村残障者福利以及农村妇女福利。

二、农村社会福利制度的内容

（一）农村教育福利

农村教育福利，是国家在农村发展的公益事业，是国家为成人农民及其子女提供教育上的援助和支持。农村教育福利事业的主要内容包括农村基础教育（包括农村义务教育和扫除青壮年文盲）、农村成人教育、农村职业教育等。

1. 农村义务教育

农村义务是指农村适龄儿童、少年有权利接受，并且必须接受的，由国家、社会、学校、家庭给予保障的国民基础教育。根据义务教育法的规定，国家、家庭、学校和社会要对义务教育的实施给予保障。各级人民政府及其有关部门应当履行本法规定的各项职责，保障适龄儿童、少年接受义务教育的权利。适龄儿童、少年的父母或者其他法定监护人应当依法保证其按时入学接受并完成义务教育。依法实施义务教育的学校应当按照规定标准完成教育教学任务，保证教育教学质量。社会组织和个人应当为适龄儿童、少年接受义务教育创造良好的环境。

2. 农村成人教育

农村成人教育是指由政府和社会力量组织实施的、以提高农村成人思想政治、道德素质和科学文化素质为目标的教育事业。农村成人教育是我国农村教育体系的重要组成部分，是构建终身教育体系、建设学习型新农村的重要内容，承担着提高农村成人思想政治和科学文化素质，促进农村经济社会发展的重要任务。大力发展农村成人教育是落实科学发展观、实施科教兴国战略和人才强国战略的重要措施，是适应我国实施现代化建设第三步发展战略新形势，解决农业、农村、农民问题的必然选择。

3. 农村职业教育

农村职业教育，是由政府和社会力量组织实施的、以农村职业高中、职业中专以及多种形式的职业技能培训中心为主要阵地，主要以农村中、小学毕业生、农村青年为对象的职业技术教育事业。农村职业教育是我国农村基础教育、农村成人教育、农村职业教育"三教统筹"的重要组成部分，是农村经济社会协调发展的重要基础，是解决"三农"问题的重要途径。

(二)农村文化福利

农村文化福利是指国家和社会力量对农村公共文化建设和农村群众文化活动给予帮助和支持。农村文化福利的内容非常丰富。国家帮助在农村兴建文化娱乐室、图书室等文化活动场所、站点；国家帮助举行各种各样的农村民间艺术活动、农民运动会、农村体育竞技活动；国家帮助满足农民对电影、电视、戏曲、书籍的需求；国家引导文化工作者深入乡村，满足农民群众多层次、多方面的精神文化需求等，都属于农村文化福利的内容。农村文化福利的内容还包括，国家动员社会力量支持农村文化建设。例如，国家引导社会力量进行"文化、科技、卫生三下乡"活动,引导社会力量捐助农村文化事业,国家组织大学生农村志愿活动等。

发展农村文化福利,加强农村文化建设,是全面建设小康社会的内在要求,是建设社会主义新农村的重要内容,是解决"三农"问题的一个重要着力点,并且具有现实紧迫性。党和政府非常重视和支持农村文化事业。近年来,党和政府采取一系列政策措施,着力推进农村重点文化工程建设,积极组织和帮助农民举行各具特色的农民文艺和体育表演活动;积极开展送文化下乡、送戏下乡活动,援助农民建立文化、体育设施;积极培育农村文化市场,广泛开展文化科技卫生"三下乡",使农民群众精神文化生活得到改善,农村文化建设呈现较好的发展局面。

(三)农村医疗卫生福利

农村医疗卫生福利事业是农村社会福利事业的重要内容。农村医疗卫生福利,是指国家和社会力量对农村医疗卫生事业提供帮助和支持。农村医疗卫生福利事业的主要内容包括:国家帮助在农村开展广泛的爱国卫生运动,集中力量消灭严重影响广大农民身体健康的各种疾病,做好农村动植物检疫工作和环境卫生工作;国家帮助建立农村合作医疗制度;国家为贫困农民建立医疗救助制度;国家引导社会力量对农村进行公益性质的医疗卫生服务,如红十字会对农村艾滋病患者以及患其他严重疾病的农民的医疗援助等等。

发展农村医疗卫生福利事业是落实科学发展观的必由之路,是全面建设小康社会的必然要求和重要内容。党和政府历来重视农民健康问题,重视发展农村的医疗卫生事业。新中国成立后,党和政府领导人民群众在农村进行了颇具规模的农村卫生革命,取得了突出的成绩。主要表现为,抑制了传染病、寄生虫病和地方病的流行;农村人口死亡率,尤其是婴儿死亡率大幅度下降;农民的平均预期寿命迅速提高。近年来,农村医疗卫生工作不断进展。2005 年,中央安排 30 亿元国债资金支持中西部乡镇卫生院建设,改善农村医疗卫生条件;大力推进新型农村合作医疗制度试点工作;加强艾滋病等重大疾病防治;高度重视高致病性禽流感疫情防控工作,有效遏制了疫情蔓延和对人的传播。

(四)农村妇女福利

农村妇女福利是指国家和社会在物质、文化生活、教育、医疗卫生等各方面为农村妇女提供帮助和支持。国家和社会发展农村妇女福利的目的,是解决农村妇女在物质、文化生活、教育、医疗卫生等各方面存在的困难,促进她们的身心健康发展,促进农村经济、社会全面发展。农村妇女福利的内容体现在经济、政治、家庭生活、教育、医疗卫生、文化、政策法律、环境等各个方面。

妇女和老年人、未成年人一样,是社会的弱势群体,需要国家和社会给予特别的照顾与帮助。妇女儿童福利事业,尤其是农村妇女儿童福利事业发展的状况,反映着一个国家的文明程度和人权保护状况。党和政府历来重视发展包括广大农村妇女在内的我国妇女福利事业。新中国成立后,特别是改革开放以来,在各级人民政府的高度重视和社会各界的大力支持下,妇女与男子平等的权利和机会不断得到保障,农村的妇女儿童福利事业不断发展。尤其是近十年来,国家更是积极发展包括农村妇女在内的我国妇女福利事业。在农村妇女福利方面,主要表现为:不断改善农村妇女的经济地位和经济状况;保障进城就业的农村妇女的合法权益;缓解和消除农村妇女贫困状况;帮助农村妇女参与农村集体事务的管理;国家不断增加对农村义务教育的投入,改善农村地区义务教育环境;提高农村孕产妇住院分娩率,加强农村妇幼保健工作等。

(五)农村老年人、未成年人和残障者福利

农村老年人福利事业是农村社会福利事业的重要组成部分。农村老年人、未成年人和残障者福利,是指国家和社会对农村老年人、未成年人和残障者的生活、教育、就业等各方面给予帮助和支持。农村老年人、未成年人和残障者福利的内容非常广泛,主要包括:为农村缺乏生活照料的老年人提供基本的衣食住行帮助,提供基本的医疗卫生服务以及提供丧葬服务等;为农村未成年人提供义务教育机会和条件,满足他们的文化生活需求,提供有益于未成年人健康成长的作品,对流浪乞讨或者离家出走的未成年人给予帮助,积极发展托幼事业,办好托儿所、幼儿园,做好农村儿童的疾病预防工作等;发展农村残障者的康复事业、扶贫事业、教育事业、文化体育事业,做好农村残障者的维权工作等。

国家和社会进一步发展农村老年人、未成年人和残障者福利,是促进经济社会协调发展的需要,是促进城乡协调发展的需要,有助于扩大国内消费需求,有利于计划生育国策的贯彻执行。新中国成立以后,党和政府非常重视农村老年人、未成年人和残障者的福利工作,大力发展老年人、未成年人和残障者福利事业。在农村,普遍建立了乡镇敬老院、福利院,使缺乏子女照顾的农村老人不再穷困和孤单,使缺乏家人抚养的孤儿和残障者得到照料。党和政府还积极帮助解决农村老人的赡养问题,积极帮助协调老年人与子女的关系,积极维护老年人的权利和利益,为广大的农村老人撑起福利

的天空。同时,党和政府强调,要发展好包括农村残障儿童、残障成年人福利事业,要关心他们的安危冷暖,要在全社会进一步形成爱护关心儿童和残障者的良好社会风尚。

第二节 农村社会福利制度建设的现实意义

农村社会福利制度,是社会保障制度中不可缺少的一部分,是农村经济发展到一定阶段的必然产物。在当前我国处于并将长期处于社会主义初级阶段的国情下,建立完善的农村社会福利制度,对于改善农民的生活、促进农村的繁荣、全面建设小康社会具有重要的意义。

一、发展农村社会福利事业是党的基本路线和宗旨的要求

(一)发展农村社会福利事业是党在社会主义初级阶段的基本路线的要求

在社会主义初级阶段的基本路线是:领导和团结全国各族人民,以经济建设为中心,坚持四项基本原则,坚持改革开放,自力更生,艰苦创业,为把我国建设成为富强、民主、文明的社会主义现代化国家而奋斗。农业是国民经济的重要基础,建设富强、民主、文明的社会主义现代化国家,离不开农村的建设和发展,而农村社会福利事业是农村建设事业的重要组成部分,因此,必须积极发展农村社会福利事业。

(二)发展农村社会福利事业是党的宗旨的体现和要求

党的根本宗旨是全心全意为人民服务。党章规定,党必须坚持全心全意为人民服务。党除了工人阶级和最广大人民群众的利益,没有自己特殊的利益。在我国,农民占全国人口的大多数,是否全心全意为广大农民群众服务,是检验党的宗旨是否得以坚持的试金石。发展农村社会福利,是关系广大农民群众切身利益的宏伟事业,因而是党的全心全意为人民服务宗旨的重要体现和根本要求。

二、发展农村社会福利事业是社会主义本质的要求

邓小平同志在 1992 年初的南方谈话中指出,社会主义的本质,是解放

生产力,发展生产力,消灭剥削,消除两极分化,最终达到共同富裕。解放生产力,发展生产力,并不是自然而然地实现的,而是要通过树立正确的指导思想,并在正确思想的指引下,制定并贯彻执行正确的路线、纲领、方针、政策、法规来实现。党和政府的农村社会福利政策和法规是解放和发展农村生产力的重要保证。党和政府的农村教育、农村医疗卫生、农村文化福利政策和法规以及农村老年人、未成年人、残障者和妇女福利政策和法规等,对解放和发展农村生产力起到非常重要的保证作用。邓小平还指出,社会主义最大的优越性就是共同富裕,这是社会主义本质的体现。在我国,由于历史和现实的许多因素,城乡之间存在事实上的差别,如果不消除城乡差别,社会的共同富裕就难以实现。而农村社会福利政策的重要目标之一就是逐步缩小城乡差别。因此,必须大力推进农村社会福利建设,确保社会主义本质的实现,发挥社会主义制度的优越性。

三、发展农村社会福利事业有助于维护国家和社会稳定

我国是一个发展中国家,农村人口占总人口的 60% 左右,农村的稳定对于整个国家和社会的稳定至关重要。发展农村社会福利事业有助于维护农村社会的稳定,从而维护和促进整个国家和社会的稳定。发展农村义务教育,使农村适龄儿童、少年接受国民基础教育,能够为将来农民整体文化素质的提高打下基础,提高农村整体文明程度,从而减少农村的不稳定因素。发展农村成人教育和职业教育,能够充分发挥科学技术作为第一生产力的作用,提高农村劳动者的素质,提高农业生产力水平,促进农村经济发展,满足农民群众的物质利益要求,从而消除影响稳定的经济因素。发展农村医疗卫生福利事业,以使广大农民免除或者减轻因疾病导致的身体和精神痛苦,避免他们因疾病陷入过度穷困,从而有利于农村社会的稳定。发展农村老年人、未成年人和残障者福利事业,使农民老有所养,老有所乐,使农村中缺乏亲人照顾的未成年人和残障者的生活有保障,可以减少因老年人、未成年人和残障者问题所产生的家庭或者社会矛盾,促进农村社会稳定。

四、发展农村社会福利事业能够促进农村经济发展

党的十六大报告指出,全面建设小康社会,最根本的是坚持以经济建设为中心,不断解放和发展社会生产力。建设现代农业,发展农村经济,增加农民收入,是全面建设小康社会的重大任务。发展农村社会福利事业能够促进农村经济发展。

第一，发展农村教育福利事业，能够提高农村劳动者的科技文化素质，使他们成为高素质的农业劳动者和农村建设者，从而为农村的经济建设作出更大的贡献，更好地推进农村经济建设。

第二，发展农村文化福利事业，能够活跃农民的文化、体育生活，改善农民的身体状况和精神面貌，增强他们的劳动积极性，从而更好地推动农村经济建设。

第三，劳动者是生产力中最重要、最活跃的因素，发展农村医疗卫生福利事业，能够改善农村劳动者的身体素质，从而促进农村生产力的发展。

第四，发展农村妇女福利事业，有助于增强广大农村妇女在经济和社会生活中的主体地位，充分发挥她们劳动的主动性、积极性和创造性，为农村经济发展增添动力。

第五，发展农村老年人福利事业，使农民的晚年生活得到保障，免除他们的后顾之忧，可以帮助农民改变有钱不敢花的心理和存钱防老的观念，推动农村消费市场的繁荣，从而推动农村经济的繁荣和发展。

五、发展农村社会福利事业是建设社会主义和谐社会的要求

党的十六大报告在阐述全面建设小康社会的宏伟目标时强调，建设更高水平的小康社会，就是要使经济更加发展、民主更加健全、科教更加进步、文化更加繁荣、社会更加和谐、人民生活更加殷实。还强调要努力形成全体人民各尽其能、各得其所而又和谐相处的局面，巩固和发展民主团结、生动活泼、安定和谐的政治局面。胡锦涛总书记在省部级主要领导干部提高构建社会主义和谐社会能力专题研讨班上的讲话中指出，我们所要建设的社会主义和谐社会，应该是民主法治、公平正义、诚信友爱、充满活力、安定有序、人与自然和谐相处的社会。和谐社会建设当然包括社会主义和谐新农村的建设。和谐社会的这些方面都与农村社会福利事业相关。发展农村教育福利事业、农村医疗卫生福利事业、农村文化福利事业、农村老年人、未成年人和残障者福利事业以及农村妇女福利事业，有助于在农村形成民主法治、公平正义、诚信友爱、充满活力、安定有序、人与自然和谐相处的局面，从而有助于促进社会主义社会的整体和谐。

第三节　建立和完善我国农村社会福利制度

我国针对农村地区所推行的农村社会福利制度虽然取得了一定的成效，但是由于我国农村人口众多，经济发展不平衡，因此当前农村社会福利

制度的实行仍然存在着很多的问题。随着我国经济的不断发展,农村社会福利制度也会随之不断发生改变,并最终趋于完善,从而可以更好地满足广大农村社会成员的基本生活需求。

一、我国农村社会福利制度的现状

改革开放以来,党和政府更为重视农民的幸福和福利问题。中共中央、国务院发布了一系列旨在发展农村社会福利制度的文件,为农村社会福利制度的发展进一步指明了方向,极大地推动了农村社会福利制度的发展。近年来,党中央连续发布了旨在解决"三农"问题、发展农村社会福利制度,给予农民幸福的三个一号文件。即2004年的《中共中央国务院关于促进农民增加收入若干政策的意见》,2005年的《中共中央国务院关于进一步加强农村工作提高农业综合生产能力若干政策的意见》以及2006年的《中共中央国务院关于推进社会主义新农村建设的若干意见》。三个一号文件从不同方面分别强调了农村社会福利的相关内容,为发展农村社会福利事业注入了极大的动力。比如,2004年的一号文件强调,各地区和有关部门要切实把发展农村社会事业作为工作重点,落实好新增教育、卫生、文化等事业经费主要用于农村的政策规定。2005年的一号文件强调,要进一步发展农村教育、卫生、文化等社会事业。2007年全国农村义务教育阶段,贫困家庭学生都能享受到免书本费、免杂费、补助寄宿生生活费。坚持以农村为重点的卫生工作方针,积极稳妥推进新型农村合作医疗试点和农村医疗救助工作,实施农村医疗卫生基础设施建设规划,加快农村医疗卫生人才培养,提高农村医疗服务水平和应对突发公共卫生事件的能力。加强对艾滋病、血吸虫病等重点疾病的防治工作,推动改水改厕等农村环境卫生综合治理。加大农村重大文化建设项目实施力度,完善农村公共文化服务体系,鼓励社会力量参与农村文化建设等。2006年一号文件强调,要加快发展农村义务教育,积极发展农村卫生事业,繁荣农村文化事业,完善农村"五保户"供养制度等。

此外,党和政府还颁布了《国务院关于进一步加强农村教育工作的决定》《国务院关于深化农村义务教育经费保障机制改革的通知》《关于在全国义务教育阶段学校推行"一费制"收费办法的意见》《国务院关于大力发展职业教育的决定》《教育部关于进一步加强农村成人教育的若干意见》《中共中央国务院关于进一步加强农村卫生工作的决定》《关于建立新型农村合作医疗制度的意见》《关于实施农村医疗救助的意见》《中共中央办公厅国务院办公厅关于进一步加强农村文化建设的意见》《农村敬老院管理暂行办法》、《关于进一步做好农村五保供养工作的通知》、《民政部办公厅关于实施第三批"星光计划"项目的通知》、《中国老龄事业发展"十一五"规划纲要(2006—2010)》、《进一步发展孤残儿童福利事业的通知》、《关于加强孤儿救助工作的意见》、《中国儿童发展纲要(2001—2010)》、《中国残疾人事业"十一五"发展纲要(2006—2010)》、《民政部关于努力保证农村妇女在村委会成员中有适当名额的意见》、《中国妇女发展纲要(2001—2010)》、《中国慈善事业发展指导纲要(2006—2010)》等一系列有关农村社会福利建设的文件,不断完善着我国农村社会福利事业的政策体系。

二、完善我国农村社会福利制度

农村和城市的社会福利制度应该是一个整体,在许多发达国家(包括中国的香港特别行政区),并没有区分农民和城市居民,也没有社会福利待遇方面的城乡差别。在我国发达地区的城市,如上海市和广州市,在新的社会福利体系创建过程中,已经逐步将农村和城市的社会福利统一规划。鉴于我国目前地区发展不平衡的现状,要将城乡统筹的社会福利制度一步到位地建成也是不太可能的;但是,在构建农村新型社会保障体系过程中,其福利制度的框架应当尽量与城市相一致,以便于将来与城市接轨,最终建成城乡统筹的一体化的社会福利体系。

农村新型社会福利制度涉及三个层面:一是国家福利制度,指国家的相关政策和法规;二是正式的社会福利制度,指农村社会福利制度的具体内容;三是非正式的社会福利,指在正式福利制度之外、也产生福利效应的一些习惯、传统。

(一)国家福利制度

国家负责承担收入和服务的转移,这种收入和服务的转移是通过税收完成的。国家对保障福利提供起到强制而有效的干涉作用。在这一层面,国家福利制度意味着国家的主体责任。国家在社会福利体系中负责制定全面福利计划(包括农村社会福利发展规划),协调非营利组织、就业机构、非正式的和私人的福利,并直接提供某些福利服务。国家福利已经和宏观经济发展结合成为一种宏观经济福利政策,和公民权结合成为一种理想社会的模式,和国家管理结合成为现代国家的一个构成因素。

国家在制定社会福利制度时要兼顾公平与效率,兼顾高层与社会底层,兼顾地区差异、城乡差别,还要兼顾公民对福利的自主选择。社会福利社会化,并不意味着政府责任的消失,而是在政府主导下社会福利责任的合理分配。"在社会福利社会化改革过程中,政府部门虽不再是唯一的福利部门,但是作为主要部门和主导部门,在政策制定、制度设计、费用资助、资源整合、人员培训等方面发挥主要或者主导作用,减少其对福利服务运作过程的过度干预,由直接介入福利服务的具体业务转向间接规划、引导、支持和监督。"①

具体而言,政府的责任主要有以下几方面。

1. 主导责任

主导责任,是指政府在社会福利社会化中负有主要责任和导向引领作用。政府要立足当前,着眼于未来,把握全局,统筹兼顾,使福利事业社会化、监督民主化。将有关的社会福利机构、社会福利事业纳入国民经济发展的整体轨道;政府率先扩大资金投入范围,多投入、办实事,支持社会福利事业顺利发展;激励和号召社会各界从事社会福利社会化活动。以政策扶持为保障,采取多种形式,开拓多种渠道,形成社会福利社会化的纵横网络,鼓励和动员社会团体、个人、企业和海外华侨组织等,踊跃投资兴办社会福利事业;设计出台具体的监管方案,保证社会福利工作沿着健康正确的道路发展;建立防范机制,预防并杜绝社会福利管理人员的不法行为。

2. 监管责任

社会福利事业的投资,已由政府单一主体扩大为多元投资主体。投资主体多元化和管理机构多样化,并不能代表福利服务机构都能从社会福利最大化的角度出发,以维护社会公平为主要责任。相反,在部分私营福利机构中出现了以牟取私利代替提供福利的现象。比如儿童福利院本应发挥其社会救助、保障的功能,然而少数儿童福利院却演变为营利机构;不仅如此,有些以营利为目的的所谓福利机构,还向国家诈领抚养资金。这些问题的存在,反映了政府监管责任的缺失,不仅损害了社会福利事业的形象,而且给国家带来了不应有的损失。

监管责任即监管职能,主要涵盖两个方面:第一,管理职能,主要包括管理制度、管理措施和运行程序。第二,监督职能,政府出台的政策要由政府监督社会团体和市场条件下的企业贯彻、落实、执行。政策落实的好坏,直接影响到政府的形象,如果出台的政策监督机制不健全,则会使该政策受益者得不到利益或不能完全得到实惠,从而对社会福利社会化事业造成

---

① 田北海.社会福利社会化的困境与出路.学习与实践.2008(6)

负面效应。①

3. 政策制定与完善的责任

政策是推进社会福利社会化的有力手段。好的完善的政策能有效地促进社会福利社会化;不完善的政策会滋生诸多问题,甚至阻碍社会福利的良性发展。因此,政府制定政策要周密思考,反复论证,尽量避免负面的不良效应。社会福利的政策也不是一劳永逸的,在政策实行过程中要进行追踪调查,发现问题要及时对其进行修订完善。否则,容易出现政策与资源不匹配、政策与监督不同步等现象。

根据国情,社会福利制度应当分地区设立不同标准,分层次不断稳步推进。不同地区的经济社会发展水平不同,不同消费层次的人群对福利的要求不一样,满足感也不一致。各个地区在国家宏观政策的指导下,要根据自身特点,因地制宜,利用不同的地区政策来调节。经济发展水平较高的地区,可将福利项目作为产业产品来发展福利产业,税收用于落后地区福利事业的发展。事实上,政策制定与完善的过程,就是政府利用政策规划将财富重新分配的过程。随着社会的进步与发展,福利产业成为不少投资者希望进入的领域,政府应当进行反复论证,利用政策规划规范社会福利事业科学健康地发展。

(二)正式的社会福利制度

正式的农村社会福利制度主要包括以下几方面的内容。

1. 教育福利

它是以免费或低费的方式向国民提供教育机会和教育条件的社会福利事业。教育福利经费的主要来源是国家财政预算拨款、企业和社会捐赠,以及收取低费等渠道。教育福利的主要内容包括:普及义务教育;向学生提供助学金、奖学金;向学生提供无息贷款;学生假期购票优惠制度;国家或地方政府以及教育部门设立各种教育机构,面向社会提供免费或低费教育。教育社会福利的主体为国家义务教育。

由于教育的社会化,目前该项福利待遇农村与城市居民差别不大,不同的主要是农村与城市教育资源配备的差别。由于优秀师资的缺乏、教学条件的简陋,农村的教育效果与城市相距甚远。为了解决这一问题,需要国家、省、市、县各级制定的政策进一步向农村教育倾斜,进一步加大农村基础

---

① 宫天文. 社会福利社会化中政府责任探析. http://www.chinareform.org.cn/cirdbbs

教育的资金投入，进一步解决师资配备上的城乡不平等，从根本上解决农村教育的深层次矛盾。

2. 青少年福利

它是国家和社会为保障青少年的身心健康发展、改善儿童的生活条件而提供的福利服务。广义的儿童福利涉及儿童的保护、养育、教育、卫生保健等各个方面；狭义的儿童福利是指对孤儿、弃婴、伤残儿童的收养、教育和康复等。举办这类社会福利的目的是对儿童从出生到成长的各个阶段都给予保护、关怀和照顾，达到优生、优育、优教，使儿童身心健康、全面发展。

目前农村"留守儿童"的问题严重。在工业化、城镇化的过程中，有1.5亿农民工离开农村进入城市，由此形成了近6 000万的农村留守儿童。调查统计显示，在农村儿童中，留守儿童的比例高达28.29％。大量的留守儿童与父母天各一方，处在一种极不人道的亲子关系模式里。由于缺乏来自父母的亲情呵护与家庭教育和监管，许多儿童过早地承受着成人社会的各种压力，在思想道德、心理健康等方面出现严重问题。在新型农村福利体系构建过程中，应将留守儿童纳入福利体制，采取完善寄宿制中小学、创办托管中心、建立"代理家长"制度等方式，对家庭生活困难者给予补助，照顾他们的学习和生活，建设农村文化娱乐设施，有针对性地搭建各种平台，满足他们精神上的需要等，让留守儿童享有同样美好丰富的童年生活。

3. 老年人福利

它是满足老年人的特殊需要而举办的社会福利设施和服务项目，是国家和社会为了发扬敬老爱老美德，安定老年人生活，维护老年人健康，充实老年人精神文化生活而采取的政策措施和提供的设施、服务。主要包括：老年人的生活及护理服务、老年人的保健及医疗服务、老年人的娱乐及发展服务。它主要通过敬老院、居家养老、社区照顾等方式实现。

目前在农村大部分地区，敬老院主要设在乡镇一级，与城市相比，敬老院数量少，收住能力有限；由于资金不足，敬老院基础设施建设薄弱，条件通常较差；服务水平低，对老人的服务仅限于吃饱、穿暖等基本生活需要。因此，加强农村敬老院建设，增强其收住能力，提升其服务水平是当务之急。

4. 妇女福利

它是指国家和社会为保障妇女生理和职业的需要而开展的社会福利事业。主要包括以生育津贴为主的特殊津贴与照顾、妇女劳保福利，以及为妇女提供的福利设施和福利服务等。

在农村,目前很少有专门的妇女生育、劳保方面的福利。2009年5月,陕西省实施了农村孕产妇住院分娩免费补助政策。这项政策规定,只要是陕西户籍、农业户口、持有准生证,并在取得助产服务许可的医疗机构住院分娩的孕产妇均可享受补助,二级医院也即县级医院的最高限价为2 700元;只要是本地户口、并参加了新型农村合作医疗的孕产妇,就由政府和新农合报销全部费用。经济较为落后、财政实力较为薄弱的陕西省能够做到的,其他大多数省级行政区凭借自己的财力应当也能够做到。对于确实有困难的省级行政区,中央可以通过财政转移支付的方式予以补助。这对于提高中华民族未来的生理素质极为重要。总之,在新型农村社会福利制度中,应重视妇女权益的保护,应对妇女的生育、节育、劳动等进行相应的补贴。

5. 残疾人福利

它是国家和社会为保障残疾人的生活和身心健康,改善残疾人的生活条件,帮助残疾人就业而举办的社会福利事业。主要包括促进残疾人劳动就业、特殊教育、职业培训、康复医疗、文化体育活动、社会救济、特殊用品研制等。

目前在农村地区,没有或甚少有为残疾人就业而办的社会福利企业;在取消农业税后,农村残疾人和健全人都不用缴纳农业税,导致农村原有针对残疾人的最主要的优惠措施消失;健全人还可以得到政府的生产性补贴,没有劳动能力的残疾人却享受不到任何补贴;村集体由于不能继续提取社会和自然灾害减免资金,补贴残疾人的资金链条断裂。以上种种原因导致农村残疾人与健全人之间的收入差距进一步拉大。针对这一问题,国家没有出台优惠残疾人的政策;少数地方尽管出台了一些优惠政策,但优惠内容太少,优惠力度太小,不能充分弥补农业税取消后残疾人与健全人之间的收入差距。为了改善农村残疾人的生存条件,可以采取下列措施。

(1)提高农村低保标准,并对残疾人有制度性的照顾和政策上的倾斜。社会救助制度应当制定针对残疾人的救助标准和救助措施。

(2)按照农村残疾人的残疾程度的不同给予定额不等的补贴,经费来源由中央与省级财政共同承担。

(3)对于有就业能力和就业需求的农村残疾人应当进行有针对性的培训,培训内容和培训方式应当能最大限度地促进残疾人就业。

(4)解决农村贫困残疾人的住房问题,继续加大"彩票公益金农村贫困残疾人危房改造项目"资金投入,并鼓励和引入社会力量参与。

(5)有子女但子女系未成年人、有父母但父母无经济来源的丧失劳动能力的农村残疾人,应纳入"五保"供养范围。

(三)非正式的社会福利

1. 家庭福利

家庭福利靠感情维系。家庭成员之间共同承担责任和义务,共享利益和福利,互相照顾,形成最早的收入和福利在代际之间即父母和孩子之间的转移。家庭养老包括经济上的赡养、生活上的照顾和情感上的交流等三个方面,它以家庭的存在为必要条件。传统的农业社会以小生产为主要生产方式,家庭既是生活单位又是生产单位,具有多方面功能。在这种社会条件下,家庭养老是一种最主要、最普遍、最根本的养老方式。随着大工业的出现和城市化的发展,生产的功能逐渐从家庭中分离出来,家庭的其他一些功能,如养老功能逐步为各种社会机构所代替。家庭养老已经不再是主要的养老方式,其内容也有了明显的变化。在发达国家,普遍实行了社会保障制度,老年人的收入和医疗保障基本上由社会提供。大部分生活服务由社会各类专业部门或志愿组织来承担。

我国有悠久的家庭养老传统,积累了丰富的家庭养老经验。当前,家庭养老仍然是一种主要的、普遍的养老方式。农村的家庭养老包含着经济上赡养、生活上照顾、情感上交流等方面的全部内容。虽然部分经济较发达的地区已开始为老年农民发放一定数量的退休金,但为数极少,只能作为家庭养老的补充。家庭养老及家庭福利作为非正式福利中的最重要一项,是新型农村社会福利体系中不可缺少的一环。

2. 以土地为纽带的福利

农村以土地为纽带的全员就业福利模式,保障了农民的生存能力与生活水平,从某种意义上说,土地就相当于农民的低保。新型农业技术与高效农业使得农民从土地获得的收入得到了很大提高,也使农民的生活得到了很大改善。但由于农民没有土地的产权,只有使用权,不能将土地抵押、买卖,不能享用土地本身的增值收益,这就使得土地的资产福利效应未能有效发挥。

第四节　我国社会优抚制度

社会优抚是指优待、抚恤和安置退伍军人,以及对从军家属给予物质精神方面的补助。社会优抚是一项特殊的保障,已列入国家整个社会保障体系之中。

一、社会优抚的概述

(一)社会优抚的概念

社会优抚制度是国家通过法定形式,通过政府行为,对优抚对象实行具有褒扬和优待抚恤型的社会保障措施。社会优抚是现代社会保障体系中的特殊部分,是我国军民在长期的革命和建设实践中逐步形成并发展起来的一项传统工作,它通过对以军人及其家属为主体的优抚对象实行物质照顾和精神抚慰,直接服务于军队和国防建设,是我国社会保障体系的重要组成部分。优抚工作实行"国家、社会、群众"三结合的优抚制度,在国家抚恤的基础上,发挥社会和群众力量,依靠全社会共同做好优抚工作,保障优抚对象的抚恤优待与国民经济的发展相适应,使抚恤优待标准与人民的生活水平同步提高。

(二)社会优抚的特点

健全有效的社会优抚制度,对于维持社会稳定,保卫国家安全,促进国防和军队现代化建设,推动经济发展和社会进步等都具有重要的意义。社会优抚法隶属于社会保障法,是社会保障法的有机组成部分,它具有自身的独特性,具体有以下几方面。

1. 社会优抚法所保障的对象具有特定性

优抚安置保障作为一种奖励与补偿的特殊社会保障制度,它的特殊性首先就表现在其所保障的对象的特定性。根据法律法规的规定,优抚的对象是为革命事业和保卫国家安全作出贡献和牺牲的特殊社会群体,由国家对他们的贡献和牺牲给予补偿和褒扬。根据我国现行有关法律法规,社会优抚的对象包括:现役军人,革命残废军人,退出现役的军人,革命烈士家属,牺牲、病故军人家属,现役军人家属,以及国家工作人员牺牲病故、人民群众因维护社会治安同犯罪进行斗争而伤亡、被评为革命烈士的人民群众、人民警察(包括未列入行政编制的人民警察)因公伤亡、驻外机构工作人员在国外工作期间死亡以及上述人员家属。

《中华人民共和国兵役法》(以下简称《兵役法》)第 51 条规定:"现役军人,革命残废军人,退出现役的军人,革命烈士家属,牺牲、病故军人家属,现役军人家属,应当受到社会的尊重,受到国家和人民群众的优待。"国家通过对上述对象进行优待、抚恤、安置,保证他们在经济上不低于当地群众平均生活水平,政治上又得到国家的肯定性评价,这对增强我军的凝聚力、提高军队战斗力,实现军队正规化和现代化,巩固国防,具有重要的长远和现实意义。

2. 社会优抚法所提供的保障标准较高

由于优抚制度的补偿性和褒扬性,优抚待遇标准要高于一般的社会保障标准,优抚保障对象可以优先优惠地享受国家和社会提供的各种优待、抚恤、服务和政策扶持。

根据有关立法规定,军人及其家属享受的保障待遇要高于其他普通公民所享受的保障标准,军转干部的离退休待遇要高于地方同级别的离退休人员的待遇水平,军人的抚恤标准也要高于一般劳动者的工作抚恤标准。这些高标准的待遇是基于被保障对象为国家所作的牺牲、贡献的特殊性而来的。这样的待遇标准,对于受保障的对象来说,稳定可靠,吸引力大,对军队的整体建设发展则起着强大的激励作用。

3. 社会优抚法所规定的优抚安置工作以政府为主导

社会优抚工作关系重大并且需要耗费巨大的人力、物力,因此必然要以政府为主导,同时辅以非政府的其他社会力量。优抚安置所保障的对象的范围以及保障的待遇和措施必须由国家法律、法规、规章、地方性法规以及其他规范性文件作出强制性的、明确的规定,确立完善的以政府为主要实施主体的法定优抚安置制度,同时,非政府的社会力量对于从事社会公益活动的人给予非法定的优抚安置待遇,如农村的村委会自愿给予服役的军人家属团拜,给予一定的精神、物质鼓励等,并不以优抚安置法的强制性规定为依据,而以社会公德和习俗为依据,是法定的社会优抚安置工作的有益补充。例如,优抚优待的资金来源主要依靠国家的财政支出。优抚工作是政府的一项重要行为,优抚优待的资金主要由国家财政投入,还有一部分由社会承担,只有在医疗保险和合作医疗等方面由个人缴纳一部分费用。

4. 社会优抚法所规定的内容具有综合性的特点

社会优抚法所规定的保障对象不同于其他类型的社会保障法所针对的保障对象——社会弱者,无论是有固定社会公职的军人和警察,还是一般的人民群众,他们原本并不处于社会弱势地位,也无须社会的特殊照顾和保障。但当他们从事了一定的社会公益之后,其自身利益可能遭受不可避免的损失,或者是现实的物质利益损失,或者是潜在的精神利益损失。

社会优抚与社会保险、社会救助和社会福利不同，它是特别针对某一特殊身份的人所设立的，内容涉及社会保险、社会救助和社会福利等，包括抚恤、优待、养老、就业安置等多方面的内容，是一种综合性的项目。例如，对军转干部提供的离退休待遇或就业安置，对革命烈士家属和伤残人员的抚恤等，具有社会保险的特征；对有特殊困难的农村籍退伍义务兵和现役军人家属提供的扶持生产、帮困济贫等政策措施，具有社会救助的特征；而为优抚对象提供的乘车、船、飞机等的优惠及优先解决其住房、就业、子女入托入学、医疗、工作调动等特殊待遇，又有了社会福利的性质。所以说，社会优抚制度是一个以特殊社会群体为保障对象的综合社会保障体系。

因此，社会优抚安置法规定的国家或社会对于这些特殊群体的特殊保障也带有综合性，主要分两类：补偿和鼓励。在补偿方面，从事了社会公益活动的人员以自己的福利为代价换取了社会整体福利的增加，社会必然要对他们的损失进行补偿，而他们的损失包括物质上的内容与精神上的内容，所以补偿的形式也分为物质性补偿和精神性补偿。而在鼓励方面，因为在有的情况下，人们从事公益活动并不是必然导致自身福利的显著损失，但其行为具有显著的公益性质，并对社会整体福利作出了重大的贡献，所以国家或社会对于这样的行为予以奖励。而这种奖励既可以是物质的，比如特殊的国家津贴和奖金，也可以是精神的，比如各种荣誉和称号。此时的优抚安置法所规定的"奖励"的保障措施已经超出了传统意义的保障基本生活水平的含义，其所保障的，不是一定的物质生活条件，从社会整体而言，保障的是对社会公益有显著作用的公益行为的积极性和创造性，使得社会中始终保持有热衷于社会公益事业的群体，并以此倡导健康有序的良好社会风气的形成。

(三)社会优抚的作用

社会优抚是由国家政府出面对有特殊贡献的人员实行的一种保障制度。各国都有对军人和对国家有功人员及其家属的优待抚恤保障制度，只是形式、内容各异。优抚保障直接与国家的政治利益需要相联系，有明显的政治色彩。社会优抚的作用主要是以下几个方面。

1. 社会优抚是国家安全稳定与发展的重要保证

社会优抚事业与国家的军事活动紧密相连，军队是国家政权的重要保障，国家存在，必然存在军队，就必须建立优抚事业。做好优抚工作，是国家长治久安、社会稳定发展的重要保证。

2. 社会优抚起到稳定社会、鼓舞士气的作用

优抚对象在生活和工作中不能满足合理需要时,是必会影响他们生活和工作的积极状态,而形成社会上的不稳定因素。社会优抚事业可以解除优抚对象的困难,消除他们的后顾之忧,使他们尽心尽力服务于国防建设和社会发展。

3. 社会优抚是社会经济快速发展的重要保障

社会优抚事业维护军人权益、稳定军心,促进了军队建设,为社会经济发展创造和谐、安定的环境。同时,国家开展优抚工作,可以增强军队实力,融洽军政、军民关系,和平时期军队直接参与地方建设,加快社会经济发展速度。

二、社会优抚的条件与内容

(一)社会优抚对象的条件

优抚对象享受相应待遇的前提是对优抚对象的身份的确定。我国对优抚对象的条件情况都有严格的界定条件,主要分为以下八类。

1. 中国人民解放军的现役军人

具体是按照《中华人民共和国兵役法》的规定,正在服现役的军官、文职干部和士兵(含士官)。军队中保留军籍的离休干部享受现役军人待遇。

2. 现役军人家属

主要是指按照《中华人民共和国兵役法》的规定,正在服役期间军人的家属。

3. 退伍军人

主要是指自 1954 年 11 月 1 日开始试行义务兵役制以后参加中国人民解放军,并持有退伍或复员军人证件的人员。

4. 复员军人

主要是指 1954 年 10 月 31 日开始试行义务兵役制以后参加过中国人民解放军、东北抗日联军、中国共产党领导的脱产游击队、八路军、新四军、

解放军、中国人民志愿军等,持有复员、退伍军人证件或组织批准复员的人员。

5. 革命伤残人员

主要是指那些在服役期间因战、因公、因病(只限义务兵)致残的军人和那些国家机关工作人员,人民警察、民兵民工因战、因公致残,符合评残条件的人员,并需经审批机关批准,取得民政部颁发的《革命伤残军人证》、《国家机关工作人员伤残抚恤证》、《人民警察伤残抚恤证》、《民兵民工伤残抚恤证》的人员。

6. 烈士遗属

主要是指经法定机关认定,得到《因公死亡证明书》的遗属。

7. 因公死亡军人遗属

主要是指法定机关认定,得到《因病死亡证明书》的遗属。

8. 因病死亡军人遗属

主要是指法定机关认定,得到《因病死亡证明书》的军人的遗属。

(二)社会优抚的内容

社会优抚的内容包括优待和抚恤两个方面,其具体内容涉及社会保障的方方面面,一般包括死亡抚恤、伤残抚恤、社会优待等内容。

1. 优待制度

社会优待是社会优抚制度的一项重要内容,是国家、社会、群众对烈属,因公牺牲或病故军人的家属,革命伤残军人,现役军人及其家属,带病回乡复退军人,退伍红军老战士等优抚对象给予帮助和照顾的制度。

(1)现役军人家属优待。

现役军人在服兵役期间,现役义务兵的家属可以领取优待金,优待金的发放由省、自治区、直辖市人民政府根据本地区的实际情况,制定具体办法。优待金按照下列原则办理:一是优待金按照《中华人民共和国兵役法》规定的义务兵服现役的期限发放。超期服役的,部队团以上单位机关应该及时通知地方政府,可以继续给予优待;没有部队通知的,义务兵服现役期满,即停止发放优待金。二是优待金由义务兵入伍时的户口所在地政府发放,非户口所在地的义务兵,不给予优待。三是从地方直接招收的军队院校的学员及文艺体育专业人员的家属,不享受义务兵家属的优待金待遇。

优待金标准的确定,一是要与当地经济条件和人民群众生活水平相适应;二是要保障优抚对象有相当或略高于当地一般群众的生活水平;三是要考虑优待金筹集的可行性。2005 年各地优待金的具体标准,多数地区规定相当于当地人均收入水平,或不低于当地一个劳动力收入的 1/2 或 2/3 的水平。

(2)烈士子女优待。

一是革命烈士、因公牺牲军人、病故军人的子女、弟妹,自愿参军并符合征兵条件的,在征兵期间可优先批准一人入伍;二是家居农村的革命烈士家属符合招工条件的,当地人民政府应安排其中一人就业;三是革命烈士子女、革命伤残军人报考中等学校、高等院校,录取的文化要求和身体要求应适当放宽;四是革命烈士子女考入公立学校的,免交学杂费并优先享受助学金或者学生贷款。

(3)伤残军人优待。

退出现役的特等、一等革命伤残军人,由国家供养终身。需要集中供养的,由国家设置专门的机构供养;需要分散供养的,由地方人民政府负责妥善安置,并按照规定发放护理费。一般来说,需要集中供养的伤残军人需要具备以下条件之一:一是因伤残后遗症需要经常医疗处置的;二是生活需要护理、不便分散照顾的;三是独身一人不便分散照顾的。我国政府为残疾军人设置的休养院主要包括残疾军人休养院、复员军人慢性病疗养院、复员军人精神病院和光荣院等。

(4)复员、退伍军人的优待。

复员军人未参加工作,因年老体弱,生活困难的,按照规定的条件,由当地民政部门给予定期定量补助,并逐步改善他们的生活待遇。享受补助的资格条件具体是指:一是孤老;二是年老体弱、丧失劳动能力,生活困难的;三是带病回乡不能参加生产劳动,生活困难的。另外还规定,在部队期间立功受奖,服役年限长,贡献较大的,定期定量补助标准应适当提高。

2. 抚恤制度

抚恤制度是国家对革命烈士、因公牺牲和病故军人的家属、革命伤残军人及家属所实行的一种物质抚慰保障,是我国社会优抚的一个重要组成部分。我国抚恤制度主要包括死亡抚恤和伤残抚恤两类。

(1)死亡抚恤。

死亡抚恤是国家对革命烈士家属、因公牺牲和病故军人及因公牺牲病故的国家机关工作人员家属、人民警察家属发给一定数额的费用,给予生活帮助的制度。死亡抚恤分为一次性抚恤和定期抚恤两种。前者主要用以抚慰死者家属,并帮助其解决突然发生的生活困难;后者则是为了解决长期的生活困难问题。

①一次性抚恤待遇。

一次性抚恤待遇主要是指国家规定一次性发给革命烈士家属、因公牺牲军人家属、病故军人家属的抚恤金。《军人抚恤优待条例》规定现役军人死亡,根据其死亡性质和死亡时的月工资标准,由县级人民政府民政部门发给其遗属一次性抚恤金,标准是:烈士和因公牺牲的,为上一年度全国城镇居民人均可支配收入的 20 倍加本人 40 个月的工资;病故的,为上一年度全国城镇居民人均可支配收入的 2 倍加本人 40 个月的工资。月工资或者津贴低于排职少尉军官工资标准的,按照排职少尉军官工资标准计算。

获得荣誉称号或者立功的烈士、因公牺牲军人、病故军人,其遗属在应当享受的一次性抚恤金的基础上,由县级人民政府民政部门按照下列比例增发一次性抚恤金:一是获得中央军事委员会授予荣誉称号的,增发 35%;二是获得军队军区级单位授予荣誉称号的,增发 30%;三是立一等功的,增发 25%;四是立二等功的,增发 15%;五是立三等功的,增发 5%。

多次获得荣誉称号或者立功的烈士、因公牺牲军人、病故军人,其遗属由县级人民政府民政部门按照其中最高等级奖励的增发比例,增发一次性抚恤金。

一次性抚恤金发给烈士、因公牺牲军人、病故军人的父母(抚养人)、配偶、子女;没有父母(抚养人)、配偶、子女的,发给未满 18 周岁的兄弟姐妹和已满 18 周岁但无生活费来源且由该军人生前供养的兄弟姐妹。

②定期抚恤待遇。

定期抚恤待遇和一次性抚恤待遇相比,最大的差别在于对领取抚恤家属,一次性抚恤待遇没有附加条件,而定期抚恤待遇则规定了较严格的条件。根据《军人抚恤优待条例》规定,符合定期抚恤待遇条件的标准包括以下几条:一是父母(抚养人)、配偶无劳动能力、无生活费来源,或者收入水平低于当地居民平均生活水平的;二是子女未满 18 周岁或者已满 18 周岁但因上学或者残疾无生活费来源的;三是兄弟姐妹未满 18 周岁或者已满 18 周岁但因上学无生活费来源且由该军人生前供养的。

定期抚恤金标准应当参照全国城乡居民家庭人均收入水平确定。定期抚恤金的标准及其调整办法,由国务院民政部门会同国务院财政部门规定。

县级以上地方人民政府对依靠定期抚恤金生活仍有困难的烈士遗属、因公牺牲军人遗属、病故军人遗属,可以增发抚恤金或者采取其他方式予以补助,保障其生活不低于当地的平均生活水平。

享受定期抚恤金的烈士遗属、因公牺牲军人遗属、病故军人遗属死亡的,增发6个月其原享受的定期抚恤金,作为丧葬补助费,同时注销其领取定期抚恤金的证件。

现役军人失踪,经法定程序宣告死亡的,在其被批准为烈士、确认为因公牺牲或者病故后,又经法定程序撤销对其死亡宣告的,由原批准或者确认机关取消其烈士、因公牺牲军人或者病故军人资格,并由发证机关收回有关证件,终止其家属原享受的抚恤待遇。

(2)伤残抚恤。

伤残抚恤是国家对按规定取得革命伤残人员身份的人员,根据其伤残性质和丧失劳动能力及影响生活能力的程度,以现金津贴形式给予的抚慰保障。伤残抚恤也是优抚保障制度中的重要内容之一。

根据《军人抚恤优待条例》规定伤残按照性质区分为"因战"、"因公"、"因病"三种。残疾的等级,根据劳动功能障碍程度和生活自理障碍程度确定,由重到轻分为一级至十级。残疾等级的具体评定标准由国务院民政部门、人力资源社会保障部门、卫生部门会同军队有关部门规定。因战、因公致残,残疾等级被评定为一级至十级的,享受抚恤;因病致残,残疾等级被评定为一级至六级的,享受抚恤。

残疾军人的抚恤金标准应当参照全国职工平均工资水平确定。残疾抚恤金的标准以及一级至十级残疾军人享受残疾抚恤金的具体办法,由国务院民政部门会同国务院财政部门规定。

县级以上地方人民政府对依靠残疾抚恤金生活仍有困难的残疾军人,可以增发残疾抚恤金或者采取其他方式予以补助,保障其生活不低于当地的平均生活水平。

退出现役的因战、因公致残的残疾军人因旧伤复发死亡的,由县级人民政府民政部门按照因公牺牲军人的抚恤金标准发给其遗属一次性抚恤金,其遗属享受因公牺牲军人遗属抚恤待遇。

退出现役的因战、因公、因病致残的残疾军人因病死亡的,对其遗属增发12个月的残疾抚恤金,作为丧葬补助费;其中,因战、因公致残的一级至四级残疾军人因病死亡的,其遗属享受病故军人遗属抚恤待遇。

退出现役的一级至四级残疾军人,由国家供养终身;其中,对需要长年医疗或者独身一人不便分散安置的,经省级人民政府民政部门批准,可以集中供养。

对分散安置的一级至四级残疾军人发给护理费,护理费的标准为:一是因战、因公一级和二级残疾的,为当地职工月平均工资的50%;二是因战、因公三级和四级残疾的,为当地职工月平均工资的40%;三是因病一级至四级残疾的,为当地职工月平均工资的30%。

退出现役的残疾军人的护理费,由县级以上地方人民政府民政部门发给;未退出现役的残疾军人的护理费,经军队军级以上单位批准,由所在部队发给。

残疾军人需要配制假肢、代步三轮车等辅助器械,正在服现役的,由军队军级以上单位负责解决;退出现役的,由省级人民政府民政部门负责解决。

第六章 特殊农村群体的社会保障

我国对于农村所实行的社会保障,除去针对所有的农村群众所推行的养老保障、医疗保障、社会救济、社会福利与社会优抚外,还针对农村的特殊群体推出了适用于他们的社会保障,如失地农民的社会保障、农村伤残群体的社会保障和计划生育家庭的社会保障等。

第一节 失地农民的社会保障

当前,随着我国经济的迅速发展,对农村土地的征用量也越来越大,因此失地农民的数量也就越来越多,由于这些农民中很多人在长久以来都是依靠土地为生,在土地被国家征用的情况下,对于解决他们养老的问题也越来越突出。

一、我国失地农民的现状与模式

(一)我国失地农民的现状

1. 人均收入下降

由于我国农村社会保障体系还不健全,因此对于农民来说土地的存在是极为重要的,其承担着农民的生活、就业和养老的多种功能。在这种情况下,农民一旦失去了土地,就意味着不仅会失去就业机会和经济收益,并且还会失去最基本的生活保障和养老资源。从这个角度来看,虽然经济在发展,但是对于农民来说,其生活水平实际上是降低了。

浙江省统计局在 2003 年 10 月对失地农民的收入进行了调查,发现失地农民的人均纯收入为 3 590 元,比在失地前收入下降了 18.4%。而土地被全部征收的农民,人均收入更是大幅下降,降幅达到了 21.9%。人均纯收入在 3 000 元以下的较低收入农户比例由土地被征用前的 23% 上升到土地被征用后的 41%；人均纯收入为 3 000～5 000 元的农户，由原来的 52% 下降到了 37%；人均纯收入 5 000 元以上的农户，则由 25% 下降到 22%。从国家统计局在 2003 年 9～10 月在全国 28 个省（自治区、直辖市）开展了一项调查，其主要针对的是人均耕地在 0.3 亩以下的农户，其中有有 43% 的调查户完全丧失了耕地，20% 的劳动力赋闲在家，46% 的被征地农户收入水平下降。在这些被调查的省份之中，云南和广西的农民在失地之后的人均收入水平下降的是最多的，其下降幅度分别是 26% 和 10.5%。

2. 国家针对失地农民的保障不健全

我国民政部在 1992 年 1 月出台了《县级农村社会养老保险基本方案》（试行），其标志着我国正式进入了农村社会养老保险的实施阶段。

我国在 1993 年开始在全国范围内推广养老保险制度，到了 1998 年，虽然在全国范围内已经有 80% 以上的县举办了该保险，但是实际参保的农民却只有 12%。到了 2002 年底，全国已经有 31 个省（直辖市、自治区）的 2 000 多个县（市）实行了农村社会养老保险的工作，参保人数达到了 5 462 万人，基金滚存节余达 233 121 亿元。但是，由于该试行方案的保障水平较低，其社会性和福利性不够完善，因此具有很强的不稳定性，在实际推广效果不显著。

从当前我国失地农民的养老保障制度上来看，其实际上实行的是农民自愿参加的原则，主要以农民个人缴费为主，缴纳的养老保险费全部来自土地补偿金。当前，对于失地农民，尤其是年龄在 50 周岁以上的人来说，切实解决他们的养老问题显得极为迫切。对于这个问题，有的地区规定，年满 60 周岁的失地农民在每月可领取 20～30 元养老金，甚至有的规定年满 75 周岁才能领取每月 25 元的养老金，这根本就不能满足失地农民的养老需求。从对失地农民所建立的养老保障制度来看，其保障水平要远远低于城市养老保障水平，造成巨大的资金缺口。这种情况会对农村的经济发展产生严重的制约作用。

对于中国城市化、工业化过程中征用农村集体土地造成的大量被征地农民的养老问题，很多专家学者给出了建议。例如，丁培人认为，"实施农村社区股份制改革，走集体保障之路，可以解决被征地农民的保障问题"。楼喻刚、金皓认为，"运用正式和非正式养老制度安排建立起完善的养老保障体系，是解决城市近郊被征地农民基本生活保障的关键"。朱明芬认为，"对于土地被全部或大部分征用的被征地农民，应建立、健全养老保障制度。被征地农民养老保险资金应主要从征地补偿费、土地出让增值提成中列支"。

(二)各地针对失地农民所推行的保障模式

1. 社会保障模式

社会保障模式,是指在政府征用农村集体土地后为被征地农民提供老年生活保障金。该方式是一种较为先进的模式,其特点主要表现在以下几个方面。

(1)用于社会保障的资金主要来源于政府、集体和农民。其中,政府的出资主要来源于土地出让金或财政安排;集体的出资来源于土地补偿金;而农民的出资部分则主要来源于土地安置补助费,资金不足的则需要农民进行补交。除此之外,还有一些地方专门为农民建立了养老风险准备金,其主要来源于土地出让金或政府财政。

(2)个人账户与统筹账户相结合,农民个人所缴纳的资金会进入个人账户,而政府和集体所出的资金则会进入统筹账户。

(3)可以与农村社会养老保险、城镇基本养老保险等制度接转。

(4)支付特点。失地农民在到一定的年龄之后,就可以享受相应额度的养老保障金。

社会保障模式在我国城市化规模不断发展的过程中,对失地农民起到了一定的养老保障制度,但不可避免的是,该种模式还存在着一定的缺陷。

(1)保费计算缺乏科学性。例如,浙江省是采用静态计算法对失地农民养老保障费用进行计算的,其计算公式为:缴费总额=缴费标准×12个月×缴费年限,其中,缴费标准是按照城镇最低生活保障金发放标准来进行确定的,缴费年限是由当地平均寿命减去退休年龄来计算的。该公式不够完善,没有考虑到资金的时间价值、经济增长、物价的变动等动态因素,因此其计算出来的缴费总额会偏高,缺乏合理性。

(2)保障水平偏低。由于对于失地农民的养老保障水平是参考城市最低生活保障金标准确定的,但却并没有站在市民的高度去看待失地农民的生活,因此所设定的保障水平普遍较低。

(3)资金供给费用成本过高,不经济。失地农民养老保障的主体资金来源于土地款,但是在土地款已经进行了利益分配之后,然后还要再由各利益主体上缴,由此就造成了一定程度上的成本浪费。

(4)让被征地农民交费不科学。失地农民由于没有工作,其收入就不会得到保障,如果再让其为养老保障缴纳费用,这对于失地农民来说将会是不小的一笔开支。即使费用是从土地补偿安置费中扣交也不尽公平,因此补偿安置费本身就不高,农民不能利用其进行正常生活,因此更不会愿意缴纳保费。

2. 实物保障模式

实物保障，是指政府征用农村集体土地时，为失地农民提供日常生活及养老所必需的物品，如衣服、粮食等。在现代市场经济中，虽然该种补偿方式会显得较为落后，但是对于经济不发达或是生活较为困难的地区来说，该种方式是最为恰当的补偿方式。从当前的情况来看，我国很多的地方仍然存在着实物保障情况。例如，陕北延安退耕还林区实行为老年农民发放米、面粉的办法。陕西周至县哑柏园区及马昭仙游文化城的建设，就是按所征土地的产量折算面粉，以每亩耕地 700 市斤面粉标准，给被征地农民发放面粉，直到失地农民死亡为止。

3. 货币保障模式

货币保障模式，是指政府对于失地农民，给予一定量的货币以表示对其生活和养老进行安置或补偿。在实际推行的过程中，由于该方式简单、明了，因此容易被农民所接收，推行面较广。该种补偿模式在经济较为发达的地区推行最为普遍。由于征地制度自身的缺陷，经济形势的不断变化，再加上实际工作中存的补偿标准过低、补偿不到位、费用分配使用不合理等问题，使得最终到达农民手中的补偿费用很少。有的农民自我控制意识较差，不能对资金的花费进行合理安排，因此出现了很多短期消费的情况，这就使得货币补偿很难实现养老保障的作用。

4. 留地保障模式

留地保障，是指政府征用农村集体土地时为确保农民的生活，往往会给农民留很小部分或是仅够维持口粮的土地面积，有的地方对其称为"自留地"。当前，采用这种方式的地方很多。留地保障虽然使得土地的保障功能还能顺利实现，但是却是一种较为落后的方式。由于留底保障模式的保障水平较低，并且也不利于城镇化的发展，因此是非常不经济的。

5. 入股保障模式

入股保障，是指政府在征地后，将农村居民的部分土地以股份的形式参加企业或设施的分红，从而保障农民未来老年生活的一种保障方式。该种方式也可以是由村集体所有的土地、资产等进行投资，集体管理，村民以一定数量的土地使用权属入股，然后根据股权进行分红。该种方式主要存在与一些经济较为发达的农村地区。例如，福建同安区主要以行政村为单位，进行统一规划、统筹安排。各村成立股份合作经济组织作为经营主体,进行统一经营。村民以 15 万平方米的土地使用权属入股,对于部分村集体资金不足的则由村集体统一贷款支付,收益则首先偿还贷款。收益是采用加权平均的方式来进行分配的,防止随机分配可能导致区域价值差异引起的收益差异。该种方式可以让农民切身体会到城市化、工业化的文明和效益。但需要注意的是,该种方式的投资风险较大,因此不能保证失地农民的养老问题的经济安全。

6. 招工保障模式

招工保障,是指政府征用农村集体土地时对土地上所承载的农民提供就业安置,保障其在失地后仍有经济收入。该种模式在上海地区实行的较为成功。其对年龄在 45 周岁以下的失地农民进行就业安置。由征地单位负责落实安置补偿费用,主要用于解决被征地劳动力的基本保障,并在此基础上对于那些不能马上就业的失地农民给予一次性补贴,但是最终还会将其纳入到城镇就业体系之中。

二、失地农民社会保障制度建立的依据

(一)失地农民的养老保障属于公共物品的范畴

从表面上来看,养老属于个人的范畴,个人应该尽量利用自身的能力解决养老的问题,因此商业养老保险就应运而生,充分满足了个人的这一需求。从全社会方面开看,国家的每一个公民在年老之后就要面临养老的问题,这是每个公民的必经阶段,是公民最基本的生存需要,因此政府也可以为公民提供一定数额的养老保险。从这个角度上来说,养老保障就属于公共物品的范畴,既可以由私人供给,又可以由政府供给。

但是对于农村居民的养老保障来说,由于其经济能力与风险管理能力都较低,因此私人供给的养老保险就显得缺乏必要的竞争性。因此,农民的养老保险要更接近于公共物品,主要应该依靠政府繁荣供给。但是在实际社会生活中,由于国家财政能力有限,因此往往无法为农民提供充足的公共养老保险。在这种情况下,农民就不得不依赖土地来进行养老。然而对于失地农民来说,其不仅仅是失去了土地,更重要的是其失去了养老的保障资源。也就是说,失地农民的养老风险不仅仅是自然风险,更多的是因政府征地带给他们的社会风险。这一风险的产生也就决定了政府必须要为失地农民提供养老保险。从经济学中公共物品的理论来看,失地农民的养老保险

属于纯粹的公共物品。

（二）生命流量中存在永恒的"负差"

从劳动经济学理论的角度来看,人的一生可以按照劳动能力来划分:16或18岁以下属于劳动年龄以下,16岁或18岁~50岁或60岁属于劳动年龄以内,50岁或60岁以上属于劳动年龄以上。我国劳动法中规定,男性公民的退休年龄为60岁,女性公民的退休年龄为55岁。从这些数据中我们可以看出,劳动年龄以上的人获取劳动收入的能力要远远低于其他的两类群体。

从人口学理论的角度来看,人的一生可以按照生长规律来进行划分,总共可以分为童年、少年、青年、中年及老年五个阶段。人的岁数在逐渐增长的过程中,身体的各项机能和器官功能也在不断衰退,体力与智力等方面的能力也会下降,因此人在年老后的工作能力及劳动收入水平也会随之降低。

无论是从哪个角度来看,老年总是处于人生最后的阶段,成为一个人口数量庞大的弱势群体,需要社会各界的保护。虽然人在年老的时候收入水平在降低,但是在身体客观需要的基础上,其对生活质量和医疗水平的要求却会逐渐上升。在这种情况下,就会产生一个老年收入与消费的"负差",如图6-1所示。当前,无论是个人还是社会及政府,都对平衡这一"负差"做出了很多的努力。

对于失地农民来说,其处于"失地、失业"的状态,因此其老年收入永恒为零,但是其生存的消费仍在持续,因此一"零收入"群体的养老问题,只能依靠政府强大的保障能力来解决。

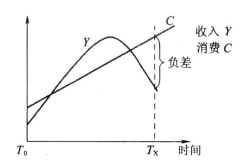

图6-1　生命循环理论中的收入与消费的负差

（三）养老保险制度利益的外部性

农民养老保险属于公共物品的范畴,其不仅是因为私人供给缺乏必要的竞争性,并且还是由于其存在显著的利益外溢现象,主要表现在以下三方面。

(1)可以解除青年农民的后顾之忧,提高农业劳动生产率。

(2)促进老年农民退出农业,有助于农业生产规模的扩大。

(3)解除大规模被征地农民的老年生活问题,有助于城市化进程的顺利推进。

因此,失地农民的养老保险由政府来承担,为农民的养老保险给予一定的补贴,这对社会的发展与城市化的不断推进是极为有意义的。

如图 6-2 所示,Q 代表农民购买养老保险的人数,P,C,B 分别代表农民养老保险的价格、成本与利益,养老保险的边际成本曲线为 MC(假设养老保险的边际私人成本与边际社会成本相等),需求曲线表明人们愿意支付一定保险价格水平上的养老保险需求量,它可以代表边际私人利益,即个人从养老保险中得到的利益,所以 $D=MPB$。在竞争的市场上,价格为 P_0 时私人购买养老保险的数量为 Q_0。由于农民养老保险有明显的外在利益,即可以使那些不买养老保险的人或社会得到利益,从而使养老保险的边际社会利益为 MSB。当边际成本等于边际社会利益时就会实现配置效率。因此,如果政府通过补贴保费的形式能够保证大多数的农民都可以享受养老保险,那么社会配置效率就可以实现最大化。对于失地农民来说,如果政府承担了农民养老保险的所有成本,那么就可以实现社会效率配置的最大化,这样既可以保障失地农民的利益,同时也可以最大化的实现社会的外在利益,保证城市化与现代化的顺利推进。

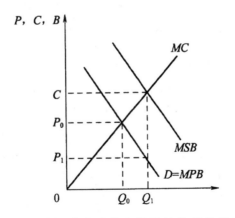

图 6-2　被征地农民养老保险的外部性效应

三、解决失地农民养老保障的措施

(一)完善失地农民养老保障方面的法律制度

政府在进行征地或是补偿活动的过程中,都要依据《土地管理法》的相关规定来进行办理。为了避免失地农民的利益遭到损害,因此应该对土地交易及补偿机制不断进行完善,逐渐将失地农民的养老保障纳入到土地征用程序中,并将其作为土地权属转移的前提条件。

社会保障法规是社会保障制度运行的法律依据,应尽快制定并完善我国的社会保障法,无论是在业务方面还是在管理方便,都要对其进行法律规范,最终使其成为社会保障体系的一项组成部分。

(二)将失地农民的养老保障纳入到公共政策的范围

我国农民土地被征用,是工业化和城市化不断发展的结果,是社会经济发展的必然要求,是政府的计划行为。因此,失地农民以后的生活应该由政府通过公共管理与政策来解决。如果想要经济实力薄弱的失地农民来自行解决其生活问题,那么必然会对整个社会的安定造成危害。

(三)鼓励农民参加商业保险,提高养老保障水平

如果只是单纯依靠养老保障解决农民的基本生活问题,那么是远远不能满足农民对于提高生活质量的要求的。因此,应该鼓励那些经济条件较好的农民积极参加商业保险,从而尽可能提高失地农民的老年生活质量。

(四)坚持分类实施,逐步提高保障标准

由于我国幅员辽阔,各地区的经济发展极为不平衡,因此在对失地农民制定养老保障的过程中,要针对不同地区的实际情况,分类实施,逐步到位。对于非农经济产业发达、集体经济积累丰厚、农民生活比较富裕的地区来说,可以率先建立健全失地农民社会保障体系,条件成熟的地区还可直接与城市社会保障制度接轨。而对于经济欠发达和不发达的地区,则可以依据当地经济发展的实际情况,根据其发展水平来建立与其相适应的失地农民保障体系,要能够满足他们的基本生活需求,在经济条件许可时,可以逐步提高保障标准。

(五)加强家庭养老保障的基础性作用

我国自古以来所沿袭的就是家庭养老,是我国的一项传统美德。尽管农民受失去土地和社会变迁的影响很大,但仍然可以鼓励人们提高对家庭养老的认识,充分发挥家庭养保障的基础性作用。

(六)鼓励失地农民再次就业

经济可以为农民提供保障,而就业又可以实现提高经济水平。因此,必须提高失地农民的就业率,只有这样才可以增加农民的收入,从而参加商业养老保险,为自身的年老生活提供保障。因此,对于那些青年失地农民,要对其加强相关的就业培训与指导,努力提高他们的就业率。

(七)加强社区养老文化建设,增强社会化养老服务功能

当前在城市化不断发展的过程中,针对失地农民的养老问题,在村改居地区,应逐步加强社区养老的文化建设,建立老年活动中心,提高老年人的文化、娱乐等精神生活,同时还要建立家政服务中心,为那些生活不能自理的农民提供基本的生活料理服务。

第二节 农村伤残群体的社会保障

农村伤残群体的社会保障,是指国家保证农村有残疾的公民在年老、疾病、缺乏劳动能力及失学等情况下获得基本的物质帮助,并根据社会经济、文化的实际发展水平,为伤残者提供相应的康复、医疗、教育、劳动就业、文化生活、环境等方面的权益保障,实现以"平等、参与、共享"为目标的伤残者社会保障制度。

一、农村伤残者的基本情况

(一)我国伤残者的数量

国家统计局、第二次全国伤残人士调查领导小组在 2007 年 10 月 28 开展的抽样调查显示,在全国伤残人口中,城镇伤残人口为 2 071 万人,占 24.96%;农村伤残人口为 6 225 万人,占 75.04%。而全国人口中城镇人口占 42.99%,农村人口占 57.01%。该项调查表明,我国大多数的伤残人口

存在于农村中。尤其是那些经济较为落后的地区,伤残人口更多。在全国伤残人口中,伤残等级为一、二级的重度伤残人为 2 457 万人,占 29.62%;伤残等级为三、四级的中度和轻度伤残人为 5 839 万人,占 70.38%。这个庞大的数据表明,我国全部的伤残人口的数额是极为庞大的。

(二)我国伤残者的分类

从经济收入上来看,可以将我国伤残者大致分为三个部分。

1. 已达到小康和正在向小康发展的

通常这类伤残者的素质较高,有自己的职业、技术和产业,大多集中在城镇,其收入和生活质量接近小康。

2. 基本脱离贫困解决温饱问题的

通常该类伤残者的伤残水平较低,可以从事一定的劳动,大多是从事庭院种植养殖,或是手工业修理服务,或是在外打工,基本上可以维持温饱,但是仍没有完全摆脱贫困。

3. 长期贫困伤残者

该类伤残者通常是重度残疾、一户多残或是老养残,他们或是看不见,或是不能行走,或是智力障碍,从而丧失了劳动能力,常年处于贫困之中,在很大程度上靠社会救济生活。

(三)伤残者与健全人之间的生活差距

农村伤残群体与健全者相比,由于自然分布和自身条件的限制,因此二者在生活水平上有着很大的差距,主要表现在两个方面。

1. 贫困数量大

随着农村推行小康进程的不断加快,伤残群体与健全人之间的差距也越来越大,相对贫困的人逐渐增多,伤残者受自身综合条件和自然条件的制约或出现返贫的情况,这样使得贫困伤残者的数量越来越多。

2. 贫困程度深

在农村低收入的家庭中,其中的大多数都是伤残家庭。尽管我国的政府每年都会加大对伤残者的救助,但是对于那些根本没有一点劳动能力的伤残者来说,只能是维持其基本生活,谈不上提高其生活质量。

(四)对农村伤残群体建立社会保障的原因

农村伤残者是弱势群体中的弱势者,他们无论是在生活上还是就业上,就会遇到很多的问题,因此专门建立起农村伤残群体的社会保障是极为有必要的,主要表现在以下几方面。

(1)建立农村伤残群体社会保障有利于社会的团结与稳定。由于我国伤残者的数量较大,因此这对社会的安定来说是个不稳定的因素。建立伤残群体社会保障制度,在满足伤残者基本生活的前提下,充分发挥他们的聪明才智,有利于维护社会环境的团结与稳定。

(2)伤残者社会保障水平是国家经济发展水平和文明程度的重要标志。很多的国家在法律中有明确的规定,"为保障伤残者的权益,除能力不胜任外,不得以伤残为由、拒绝伤残者入学、应考、就业或予以其他不公平待遇"。

(3)建立和完善伤残者社会保障有利于不断提高伤残群体的生活和福利水平。

(4)建立伤残全体社会保障制度有利于国家人力资源素质整体提升,对促进社会进步和精神文明建设有积极的促进作用,而且也可以在一定程度上缓解我国劳动力供给不足的状况。

(5)伤残群体社会保障制度,不仅要满足他们对基本生活的需求,同时也要给他们足够的安全感和尊重感,有利于伤残者实现自身的价值。

二、农村伤残全体所面临的主要问题

(一)受教育程度低,整体素质差

我国农村伤残全体受教育程度低,整体素质差主要表现在三个方面。

(1)在我国伤残群体中,其中文盲占了约三分之一,并且大多数是老年伤残者和重度伤残者。

(2)在中青年伤残者中,能够顺利完成九年义务制教育的人还占不到半数。

(3)农村中的伤残适龄少年儿童,能够进入学校接受教育的比例较低,其中还有的是由健全人转为伤残者的。

在实际生活中,能后考入大学并接受高等教育的伤残者寥寥无几。由于受教育程度低,因此导致他们的思想观念普遍封闭、保守、落后,整体素质低下造成精神贫困。这样因物质贫困而造成了精神贫困,又由精神贫困反过来加深了物质贫困的恶性循环,使得农村伤残者的发展被严重束缚,导致他们尚且不能挣脱贫困。

(二)生活、生存质量差

(1)最为明显的是住房质量差。在农村的住房主要有三种类型:预制楼房;土木结构的新房;多年的老土房,其特点是"危、破、陋",绝大部分有坍塌的危险,需要改造。

(2)生活质量差。大多数的农村伤残者生活质量都不高,即使生活水平有了一定的改善,但是如果没有外界的帮助,其还是要返回贫穷的时期,无法实现自身的发展。

(3)看病困难。对于很多的伤残者来说,他们的钱只能维持基本的生活,而没有额外的钱就医。

(三)就业困难,且就业面窄

造成这种情况的原因主要有两个。

(1)伤残者自身素质低下。对于那些身体功能有伤残,但是却有一技之长的人来说,他们大多是以自谋职业为主。

(2)社会上对其存在偏见。在很多的企业中,他们宁愿缴纳伤残者就业保障金,也不会为伤残者安排就业;甚至于有的企业既不安排伤残者就业又不缴纳伤残者就业保障金,不承担相应的法定责任和义务,对伤残者造成了很大的伤害。因此,伤残者的就业率和就业保障金收缴率都很低。

三、农村伤残者扶助途径及对策

想要改变伤残全体贫困的状态,就要坚持以人为本的科学发展观,将伤残者扶贫纳入全面建设小康社会和建设社会主义新农村的总体目标来统筹规划,坚持党委领导、政府负责、残联组织、社会参与的领导体制和工作体制。政府应该采取有效的措施,扫除发展中的难题,带领伤残群体共同致富。为了实现这个目标,可以采取的措施主要有以下几个方面。

(一)建立健全伤残者社会保障体系

对于那些失去劳动能力的伤残者或是由于不可抗拒的自然灾害而不能维持自身基本生存的家庭,可以对其实行低保救济。将需要家庭护理的,符合条件的伤残者(如二级以上的重度伤残者),全部纳入到农村低保和城镇低保之中,做到应保尽保。同时,积极探索建立残者社会保障体系,鼓励社会上的志愿者和爱心人士热心扶残。对那些患有精神疾病的患者或是智力伤残、重度伤残者,应该集中为其提供托养服务,从而减少伤残者的家庭负担,将其对社会安定造成的威胁降低到最小。

(二)强化伤残者基层工作

充分发挥残联的组织作用,其作为"代表、管理、服务"的基层组织,要强调"理念人性化、职责规范化、工作制度化"。要始终坚持以人为本,全心全意为伤残者提供服务,逐步建立起科学的、规范的运作机制,使其具有较强的可操作性,实现职责分明,建立完备的工作体系,做到层层有人抓,事事有人管,实现为伤残者的全面服务。

(三)做好伤残者康复工作

"身体是革命的本钱",身体的健康是伤残者回归社会,能够自食其力,实现自身价值的前提,因此要大力做好伤残者的康复工作。康复具有一定的实效性,是一项抢救性的工程,如果伤残者的身体没有的有效的时间内得到积极的治疗,那么可能就会造成终身的残疾,为家庭、社会、国家都带来沉重的负担。因此,政府应加大对伤残者的康复护理工作,积极培养具有康复专业技术的人员,建立基层康复网络,逐步使康复社区化,实现人人享有康复的目标。

(四)加强对伤残者的文化教育

当前,我国农村的伤残群体文化素质都较低,这是限制其实现就业的一个重要因素,因此,要大力加强对伤残者的文化教育工作。当前,在社会竞争如此激烈的情况下,如果公民没有较高的文化修养,那么在竞争中就只能是处于弱势的地位。对于伤残者的教育,一定要从青少年伤残者抓起,提高义务教育入学率,做好随班就读工作,对特困伤残学生实行救助和生活补贴,对考入高中和大中专的伤残生实施奖励。除此之外,还要加强特教工作,积极扶持扩展特教项目,发展手语教学、语言培训、智力培训、家长培训,扩大就学面,能够让更多的伤残儿童接受正规的学习教育。

(五)积极促进伤残者就业

从根本上解决农村伤残群体贫困的方式是,全面解决他们的就业问题。

首先,坚持按比例安排伤残者就业,对已经就业的伤残者的岗位进行稳固,适当增加一些具有公益性质的,适合伤残群体工作的岗位,这样就可以让那些有能力的伤残者实现就业。同时,还可以建立社区伤残者就业基地,鼓励和扶持伤残者积极进行自主创业。

其次,要加强对伤残者保障金的征收和管理,可以拿出一定的资金专门用于对鼓励和扶持安残单位和自强伤残者典型进行奖励。对伤残群体进行专业的职业技能培训,建立健全伤残者职业培训网络,从而提高伤残者的劳动技能,早日实现自食其力。

最后,实行以收促安,对那些不对伤残者进行安置就业,又不缴纳伤残者就业保证金的,要通过法律的手段对其进行制裁,强制征收伤残保证金,从而达到以收促安的目的。

第三节　计划生育家庭的社会保障

中国农村计划生育户的社会保障制度具有中国特色,符合中国国情。实际上中国农村计划生育户社会保障制度是中国政府的政策承诺的兑现,同时也是一种制度的创新。

一、我国计划生育生育社会保障制度的内容和挑战

(一)我国计划生育社会保障制度的内容

我国在 20 世纪 70 年代,开始对计划生育政策进行大规模的推广和普及,经过几十年的发展和完善,有关的配套政策也逐步实施开来。

由于各地的经济发展程度与人口数量都有一定的差异,因此全国各地的计划生育社会保障制度都有其不同的地方,总结归纳起来主要表现为以下几方面。

(1)落实计划生育政策的家庭享受与生育行为有关的费用方面的补助和(或)免费的福利。

(2)独生子女父母可享受双份责任田。

(3)独生子女享受入托、上中小学、高考等方面的减免某些项目的费用和高考加分等福利。

(4)由集体和个人集资,计划生育部门组织协调,投资于风险小、见效快的家庭种植业和养殖业,将增值部分用于养老保险,亦称为"绿色养老保险"。

(5)由地方政府决定或人民代表大会通过条例,成立计划生育养老基金会,将筹集的资金存入银行,以备养老金的支付。

(6)减免计划生育家庭老人的义务工和各种社会集资。

（7）兴办敬老院，独生子女父母优先进院养老。

（8）由政府或集体给独生子女和两女户家庭办理医疗保险。

（9）对有困难的计划生育家庭组织生产生活救助，优先提供生产贷款，落实扶贫项目，分配救济款物。

各地计划生育社会保障制度的不断探索和实践，在一定程度上解决了农民的养老问题，这对稳定农村的计划生育率起了重要的积极推动作用。大量事实表明，认真落实计划生育奖励优惠政策，特别是建立了养老保障制度的地方，不仅政策内遵守计划生育的家庭多，并且很多符合生育二胎的家庭都自愿放弃了生养二胎的计划。

（二）我国计划生育社会保障制度面临的挑战

随着我国经济和社会形势的不断发展，出现了一系列与农民养老密切相关的重大社会变迁，这对已有的计划生育社会保障制度带来了巨大的挑战。

1. 计划生育户养老问题突出

国家计划生育政策的推行，减少了生育孩子的数量，使农村家庭规模缩小，家庭人口老龄化和对老年人抚养系数急剧上升。人口城市化加快以及城镇户籍制度和劳动用工制度的改革，又促使大批农村年轻劳动力向城镇转移，结果是农村人口结构迅速老化，更加大了农村的养老需求，使未来农村人口老龄化问题比城市更为严重，计划生育家庭的养老问题更加突出。

农民遵循政府计划生育政策的规定，部分群体由于少生孩子而暂时减轻了家庭的经济压力，并且在政府的支持下因少生而富裕起来。但是，从长远来看，农村实行计划生育政策的后顾之忧并没有解决。当孩子的抚养成本逐渐转化为养老价值的时候，多子女的成本效应就明显超过了计划生育的家庭。如果政府不给这些家庭以政策性的补偿，不帮助他们解决好养老问题，原来响应国家号召实行计划生育的光荣群体，在养老问题上将逐渐成为农村的弱势群体。而国家有关计划生育的政策，在其富民性和说服力上也将大打折扣。

除此之外，由于我国政策和经济环境的变化，使得原先在一些省份农村推行的社会养老保险计划流产，因此就需要在更高层面上重新考虑中国农村计划生育户养老制度的构建。

2. 部分计划生育家庭贫困状况难以改善

农村经济落后地区的计划生育家庭，与经济发达地区计划生育家庭相比,收入差距不断扩大,而这些地区人口控制的任务仍然较重、时间仍然较长,当地财政转移支付能力十分有限。这使得上述许多社会保障政策无从谈起,难以得到真正的社会保障待遇。目前,中国计划生育政策面临着两种不同状态的循环。

(1)经济社会发达地区的良性循环,即由于经济实力可以支撑各项计划生育社会保障政策的落实,导致自愿进入计划生育行列的家庭不断增加。

(2)落后地区的恶性循环,即由于经济实力难以支撑各项计划生育社会保障政策,导致自愿进入计划生育行列的家庭后继不多。这时,就需要强有力的社会保障政策来支撑。

3. 市场经济的发展加大了家庭自我保障的风险

家庭联产承包责任制特别是农村市场经济的发展,加大了农民的经营风险,而农产品比较效益下降,多数农民收入增长缓慢,使相当部分农民家庭的现实保障能力难以抵御市场风险,在未来养老保障上无法增加积蓄,加上农村原有社会保障制度削弱,税费改革后,基层政府和集体财力减少,将进一步影响农村的社会保障能力。

二、我国计划生育奖励扶助政策

农村计划生育家庭奖励扶助政策,是指在各地现行计划生育奖励优惠政策的基础上,针对农村只有一个子女或两个女孩的计划生育家庭,夫妇年满 60 周岁以后,由中央和地方财政安排专项资金给予奖励扶助的一项基本的计划生育奖励制度。针对这一定义,我们可以从以下几个方面来进行理解。

(1)以国家公共财政政策为支撑,"直接"奖励扶助实行计划生育农民的政策。以往国家财政也有对农村独生子女奖励和节育手术补助的支出,但这些支出大多不能直接为农民所享受。奖励扶助制度的建立,使国家公共财政政策直接惠及实行计划生育的农民,为国家直接补助农民开辟了一个新的渠道。

(2)与其他的社会福利政策相比,其主要针对的是农村"部分"实行计划生育的群众,而不是全部的农村人口,在惠及人群和政策功能上具有明显的针对性。

(3)以"计划生育家庭"为政策对象,着眼于鼓励农民实行计划生育,在政策目的上具有鲜明的政策补偿性和利益导向性。

(4)可以加强和改进农村人口和计划生育工作,变"处罚多生"为"奖励少生"。奖罚并举,从根本上解决农村人口问题,促进人口和经济社会协调发展所做的制度性安排,其政策具有长期性、稳定性,而不是权宜之计。

(5)它只是计划生育利益导向机制中的一个环节,是利益导向政策体系中的一个组成部分,与其他奖励优惠政策是相互衔接、相互促进、互为补充的关系。

(一)计划奖励扶助政策出台的原因

(1)党中央国务院提出树立和落实"以人为本"的科学发展观和构建社会主义和谐社会,高度重视解决"三农"问题,对农村政策实行战略性调整。

(2)国家财力的增强和公共财政体制改革的不断深入。2012年,全年全国公共财政收入为 117 210 亿元,比上年增加 13 335 亿元,增长 12.8%;其中税收收入 100 601 亿元,增加 10 862 亿元,增长 12.1%。

(3)在市场经济条件下,计划生育工作必须适应形势发展和计划生育发展规律的内在要求,建立激励机制和利益导向机制。同时,由于农村经济不发达,尚未建立完善的社会保障体系,一些早期实行计划生育的农民年老以后缺少经济来源,正日渐成为一个新的困难群体。这是一个亟待解决的计划生育问题和社会问题。

在多种因素的影响下,一些人大代表、政协委员、专家学者、相关部门和基层的干部群众都呼吁,国家在建立社会公共财政体系的同时,还应该建立起扶助农村计划生育困难家庭的公共救助机制,加大对他们的奖励扶持,这是解决农村计划生育家庭养老问题的一个重要举措。

(二)奖励扶助对象应具备的条件

享受计划生育奖励扶助政策的对象需要满足以下四个条件。

(1)没有违反计划生育法律法规和政策规定生育。

(2)本人及配偶均为农业户口或界定为农村居民户口。

(3)现存一个子女或两个女孩或子女死亡现无子女。

(4)年满 60 周岁。

需要注意的是,奖励扶助金以个人为单位进行发放,而不是以夫妻为单位进行发放。

试点地区省级人口计生委依据上述基本条件和国家人口计生委的有关政策解释,结合本地相关法规、规章和政策,制定奖励扶助对象确认的具体政策。

符合规定条件的奖励扶助对象,按人年均不低于 600 元的标准发放奖励扶助金,直到亡故为止。已超过 60 周岁的,以奖励扶助制度在当地开始执行时的实际年龄为起点发放。

(三)奖励扶助专项资金的来源、拨付和发放

1. 奖励扶助专项资金的来源

奖励扶助专项资金是由中央和地方财政纳入年度预算予以安排。地方负担的资金,主要来源于省级财政。

2. 奖励扶助专项资金的拨付

奖励扶助专项资金按基本标准。西部试点地区中央财政负担 80%,地方财政负担 20%;中部试点地区中央和地方财政分别负担 50%;鼓励东部地区自行试点。

各省(自治区、直辖市)财政和人口计生部门自行确定有资质的金融机构作为奖励扶助专项资金的统一代理发放机构。代理发放机构要为奖励扶助对象开设个人储蓄账户,并对奖励扶助金的发放实行信息化管理。

奖励扶助专项资金,由省级财政总预算会计设立专账,分别核算中央财政拨付和地方财政安排的奖励扶助专项资金。

中央财政负担的奖励扶助专项资金每年 6 月 30 日前下达到试点省份;地方财政负担的奖励扶助专项资金,每年 7 月 31 日前及时足额拨付到位。

3. 奖励扶助专项资金的发放

奖励扶助专项资金到位后,人口计生部门应及时将奖励扶助对象个案信息提供给代理发放机构;代理发放机构应在 8 月 31 日前将专项资金一次性划拨到奖励扶助对象个人储蓄账户,并将建立个人账户和专项资金拨付情况,及时反馈给地方财政和人口计生部门。

(1)省级人口计生部门每年 1 月 31 日前向同级财政部门反馈上年度奖励扶助专项资金发放情况,9 月 30 日前报送下年度奖励扶助对象个案信息和资金需求计划。上述情况和资金需求计划同时报国家人口计生委。

(2)国家人口计生委于每年 10 月 31 日前向财政部报送下年度个案信息和资金需求计划。

(3)省级代理发放机构应于每年 12 月 31 日前将奖励扶助专项资金发放情况等相关信息资料报送省级人口计生行政部门,并会同人口计生部门输入"农村部分计划生育家庭奖励扶助制度信息管理系统"。

发放给奖励扶助对象的奖励扶助金以年为单位进行核算。奖励扶助对象需要持有效证明到代理发放机构认定的发放网点支取奖励扶助金。

奖励扶助专项资金形成的结余,区分中央和地方部分,用于抵扣下一年度相应奖励扶助金的额度。

(四)奖励扶助资金管理和监督

财政部门和人口计生部门建立奖励扶助资金的监督检查机制。财政部和国家人口计生委每年采取直接或委托方式对各地资金测算、拨付和管理等情况进行监督检查。

1. 对奖励扶助资金管理不当的惩处

加强对代理发放机构资金运行情况的监督。代理发放机构不按服务协议履行资金发放责任,截留、拖欠、抵扣奖励扶助专项资金的,取消代理发放资格,并承担相应法律责任。

从事农村部分计划生育家庭奖励扶助工作的人员有违规违法行为的,由其所在部门、单位或者上级机关给予行政处分;情节严重构成犯罪的,依法追究刑事责任。

2. 申请奖励扶助资金的具体步骤和时间

(1)每年1月31日前,个人申报。

上年度未纳入奖励扶助,本年度符合奖励扶助对象条件,要求确认奖励扶助对象资格的,由本人向户籍所在地的村(居)委会提出申报,填写《全国农村部分计划生育家庭奖励扶助对象申报表》,并提交相关证明材料。

上年度的奖励扶助对象,原申报信息发生变化涉及资格认定的,要重新申报。

(2)每年2月28日前,村级审议公示。

村(居)民委员会对本年度申报要求确认奖励扶助对象资格的和上年度的奖励扶助对象,都要逐户逐项上门核实情况,并将核实情况张榜公示(公示内容至少应包括:申报人及配偶的姓名、性别、出生年月、婚姻状况、户口性质、生育状况、现有子女情况以及举报电话)。

公示结束后村级签署审议意见。对本年度申报要求确认奖励扶助对象资格但不符合条件的,要向申报人说明原因;符合条件的,要将《申报表》和相关证明材料报乡(镇)人民政府或街道办事处初审。对上年度的奖励扶助对象,本年度不符合条件的,要向申报人说明原因,并填写《全国农村计划生育奖励扶助对象退出情况报告单》报乡(镇)人民政府或街道办事处初审。有关信息虽有变化但仍然符合条件的,要将新的《申报表》和相关证明材料报乡(镇)人民政府或街道办事处初审。

（3）每年 3 月 31 日前，乡级初审公示。

乡（镇）人民政府或街道办事处对村级上报的资料进行初审，并进行公示。公示结束后，将经审定的《申报表》、《退出报告单》等资料报县级人口计生部门审查确认。

（4）每年 4 月 30 日前，县级审查确认。

县级人口计生部门对乡（镇）人民政府或街道办事处上报的资料进行审查和公示，确认本年度奖励扶助对象。

（5）每年 5 月 31 日前，信息录入和变更。

经确认具有奖励扶助资格的对象和因故退出奖励扶助的对象，由县级依据《申报表》和《退出报告单》，将其信息录入"奖励扶助管理信息系统"。

省、地两级人口计生部门要登录"奖励扶助管理信息系统"，负责督促所辖各县（市、区）及时录入上报信息，并对下级数据进行必要的汇总分析和数据下载工作，将奖励扶助对象名单进行备案。

（6）每年 6 月 10 日前，报送信息。

人口计生部门要向同级财政部门和代理发放机构提供当年奖励扶助对象的个案和汇总信息，即《奖励扶助对象花名册》。

（7）每年 6 月 30 日前，下达资金。

中央财政按照国家人口计生委提供的当年奖励扶助对象人数，将所负担的奖励扶助专项资金下达到试点省份。7 月 31 日前，地方财政负担的配套奖励扶助专项资金应及时足额拨付到位。

（8）每年 8 月 31 日前，划拨资金。

代理发放机构应根据人口计生部门提供的当年《奖励扶助对象花名册》，将专项资金一次性划拨到奖励扶助对象个人储蓄账户，填写《奖励扶助金发放情况花名册》。

（9）每年 12 月 31 日前，录入资金发放信息。

将奖励扶助金发放信息录入"奖励扶助管理信息系统"；或将表格以电子文件方式传送反馈给人口计生部门，由人口计生部门将信息导入"奖励扶助管理信息系统"。

在奖励扶助资金划拨到个人账户之前，发现奖励扶助对象信息有误，不符合奖励扶助对象条件的，应立即终止向该对象发放资金，并填写《退出报告单》，立即作退出处理。

（10）每年 1 月 31 日前，反馈上年资金发放情况。

省级人口计生部门向同级财政部门反馈上年度奖励扶助专项资金发放情况，即《奖励扶助资金发放情况汇总表》。

建立奖励扶助对象人数和奖励扶助资金需求预测预报制度。可根据几年间 60 周岁奖励扶助对象人数占总人口比重的变化趋势等信息,制定具体预测方案,预测下年度奖励扶助对象人数。并根据奖励扶助金标准．预测下一年发奖励扶助资金需求。省级人口计生委于每年 9 月 30 日前,国家人口计生委于每年 10 月 31 日前,向同级财政部门提供下年度奖励扶助对象汇总信息和下年度资金需求计划,即《奖励扶助资金需求计划表》。

（五）一些县市增大了扶助资金的奖励力度

某些市县在中央规定的 600 元基础上,适当增加了金额,突出奖励了某些家庭,或者在夫妇未到 60 岁之前就发放奖励扶助金。但是,这些增加的奖励资金,全部都是由地方政府自身的财政来承担的。在这方面,各省市主要是增加独生子女家庭中的只生育一个女孩或者独生子女死亡的夫妻的奖励扶助金额。

例如,重庆市于 2004 年 9 月,增加了补充规定:对独生子女家庭中的只生育一个独生女或独生子女死亡现无子女的,在年人均不低于 600 元标准的基础上,另按年人均 240 元的标准增发奖励扶助金。曾经生育两个子女,因子女死亡,现存一个独生女或无子女的,不属于此项奖励范围。2005 年,江苏省规定:终身只生育一个女孩,年满 60 周岁的,按每人每年 700 元的标准发放奖励扶助金;终身只生育一个孩子且孩子已死亡而又未再生和收养孩子,年满 50 周岁的,按每人每年 800 元的标准发放奖励扶助金。

三、我国实行计划生育奖励扶助政策中出现的问题

由于农民的生育时间要追溯到 1973 年,时间很长,因此有关档案管理不是十分详细,这就为确定保障对象增加了困难。除此之外,有些基层干部对政策的把握不够明确。再加上我国农村人口众多,这就增加了地方生育家庭保障的财政支出压力。

（一）对政策的理解和界定口径不统一

有些地区对奖励扶助制度的内涵及试点工作的精神不能够完全领会,对政策口径理解、把握不够准确。从抽查市、县（区）初步确定的奖励扶助对象数字看,各地在政策口径上普遍偏紧。由于有些政策规定尚未明确,或婚姻史、生育史复杂（跨省跨地区的再婚、抱养等）没来得及调查清楚,或生育审批和有关登记手续不全等原因,部分个案被暂缓认定。导致一些地方初步确定的奖励扶助对象明显偏少。例如,淮南市初步确定的奖励扶助对象占全市农业人口的比例还不到 0.1%,个别地方因为怕出错、怕承担责任,

加之在政策界定上把握不准,对一些实际符合条件的对象因为客观情况较为复杂而不敢上报。也有个别乡村基层干部,认为奖励扶助经费不要乡村承担,流露出放宽政策的思想。

(二)地区摸底调查程序执行不彻底

该问题主要表现在三个方面。

(1)由于调查时间的限制,因此有些地方在对居民生育情况的摸底调查过程中,对程序进行了简化,这就使得摸底得到的资料带有了不确定性。特别是村级评议和群众座谈环节比较薄弱,有的只是召开了村两委会评议,而没有按照要求召开村级协会理事会和村民代表大会评议,致使评议工作不扎实。

(2)个别地方乡镇也没有入户见面调查。有的虽然进行了调查,但对一些重要的信息却没有进行深入地调查,如对婚姻史、生育史、实际年龄特别是临界年龄的核实不细致。

(3)对初次生育年龄偏大、再生育间隔时间较长等可能存在潜在问题的人群未作详细调查。大部分县(市、区)对乡镇摸底调查情况进行了抽查,但覆盖面不大。个别县只对乡镇上报的材料进行审核,没有入户审核。

(三)文书格式和资料管理不规范

抽查的大部分地区的资料,尤其是每个程序上的文字资料缺乏,不利于以后的归档立卷。文书格式也有待进一步规范,内容差别较大,甚至于有的记载内容直接是空白的。

(四)个案调查信息不准确

奖励扶助对象申报表复查审核发现,少数地方个案信息误差较大。存在误差的个案信息主要是年龄、户口性质、婚姻史、生育史等重要信息不准确。一些地方存在属相年龄(实际年龄)与身份证年龄不符,有的误差很大,个别存在身份证年龄、户籍年龄、户口簿年龄、实际年龄均不一致现象。有的漏登或错登子女死亡、丧偶等情况。这些存在误差的个案大多没有经过村级评议,有的甚至没有经过见面调查。有的对象申报表中没有村委会主任、乡镇长签字,或只签意见不署名。

(五)对地方财政造成很大压力

对于计划生育奖励扶助资金的发放,主要是由中央财政和地方财政来共同发放的。

在西部地区,中央财政承担这笔开支的80%;对于中部地区,中央财政和地方财政各负担50%;对东部地区,中央财政没有安排资金,由地方财政安排资金自行试点。由此可见,就全国总体而言,中央财政承担了50%,地方财政承担了50%。而需要注意的是,在西部地区的计划生育奖励扶助资金基本上全部都是由中央财政来承担的,而在东部地区资金的发放,则中央财政则基本上不承担。在各级财政收入的总额中,中央财政收入占50%以上,各级地方财政收入占50%以下。因此,中央财政是可以承担这笔开支的。

但是对于地方财政来说则不是这样,基本上每个地区的财政都处超支的状态,表6-1所示。

表6-1 各省、自治区、直辖市财政超支比重

省(直辖市、自治区)	收入合计(万元)	支出合计(万元)	超支(%)
地方合计	98 499 846	172 298 463	75.5
北京	5 925 388	7 348 043	23.7
天津	2 045 295	3 120 771	55.0
河北	3 358 263	6 467 439	92.6
山西	1 860 547	4 156 866	123.7
内蒙古	1 387 157	4 472 566	221.6
辽宁	4 470 490	7 843 764	75.4
吉林	1 540 033	4 092 265	165.6
黑龙江	2 488 643	5 649 080	126.9
上海	8 862 277	10 884 386	22.8
江苏	7 981 065	10 476 812	31.6
浙江	7 065 607	8 967 740	26.9
安徽	2 207 487	5 074 398	129.4
福建	3 047 095	4 523 010	48.2
江西	1 681 670	3 820 981	127.4
山东	7 137 877	10 106 395	41.6
河南	3 380 535	7 165 978	112.1
湖北	2 597 636	5 404 356	107.7
湖南	2 686 469	5 737 453	113.4

续表

省(直辖市、自治区)	收入合计(万元)	支出合计(万元)	超支(%)
广东	13 155 151	16 956 324	28.8
广西	2 036 578	4 436 023	117.6
海南	513 205	1 053 984	105.9
重庆	1 615 618	3 415 775	111.1
四川	3 365 917	7 322 993	117.2
贵州	1 245 552	3 323 547	165.6
五南	2 289 992	5 873 475	156.3
西藏	81 499	1 459 054	80.2
陕西	1 773 300	4 182 008	136.2
甘肃	876 561	3 000 070	240.9
青海	240 411	1 220 438	408.3
宁夏	300 310	1 057 793	252.7
新疆	1 282 218	3 684 676	187.5

(资料来源:国家统计局. 中国统计年鉴)

从上表中我们可以看出,对于地方财政来说,几乎每一个地方都会有超支的现象。因此,农村计划生育奖励扶助政策的实行,会为地方财政的开支增加不小的负担。

四、我国计划生育奖励扶助政策的影响

自从我国开始实行计划生育扶助政策以来,其无论是对农村的发展还是对于整个国家未来的发展来说,都带来了积极的影响。

(一)有利于进一步落实计划生育政策

2004 年,青海省开始实施农村牧区部分计划生育家庭奖励扶助制度。该制度实施以来,全省已有 8 620 名 60 岁以上的独生子女户、双女户父母,享受国家每月 50 元的奖励扶助金。这促使了全省农牧区群众的婚育观念进一步转变,计划生育家庭社会地位进一步提高。

该项政策的实施,逐渐消除了农村计生户的后顾之忧,使广大农村计划生育家庭在经济上得到了实惠,生活上有了保障。截至 2006 年 1 月,全省

累计有 18 910 户农牧民家庭自愿放弃二胎生育指标。主动领取了《独生子女父母光荣证》；2 558 户农牧民主动放弃三胎生育指标。两项合计政策内少生 21 468 人，发放奖励金共 5 928.8 万元。

(二)农民收入增加

对于一些贫困地区来说，600 元相当于是一个农民一年的生产纯收入。也就是说，农村计划生育奖励扶助政策可以使一些家庭的收入得到成倍增加，这对农村经济社会和人口发展具有重要的意义。据调查，80％以上的奖扶对象认为，奖扶金可以为他们老年的生活提供基本的保障，有助于改善他们的生活。

通过实施奖励扶助制度，为部分农民的养老问题提供了一定的保障，这为解决"三农"问题提供了新的途径，有助于推动农村经济社会的发展。

(三)农村"重男轻女"思想有所改善

由于我国自古以来"重男轻女"的腐朽思想，尤其是对于农村来说，就更为严重一些，这使得我国出生人口性别比偏高，这对我国长远的发展是极为不利的。自计划生育奖励扶助政策实行以来，优惠政策偏向于独女户，因此独女户的数量有了很快增长。

例如，到 2005 年 2 月，安徽省芜湖市农村主动放弃二孩生育指标的夫妇就有 2 000 多对。2005 年 4 月，该市繁昌县孙村镇 72 名生育一女孩的妇女，向全县发出倡议，放弃二孩生育指标，终身只要一个女孩。农民踊跃办理《独生子女父母光荣证》已成为计划生育新时尚。据统计，芜湖市农村在 2005 年，已有 5 150 多对夫妇办理了《独生子女父母光荣证》，领证率占同期一孩出生数的 80％以上，有的县区甚至高达 140％以上。从这些案例中我们可以看出，农村计划生育奖励扶助政策取得了很好的成效。

第七章　农民工群体的社会保障

随着市场经济的不断发展,我国的工业化、城镇化进程也不断加速,不断增长的农村富余劳动力的规模也急速增长,外出务工农民越来越受到关注,而农民工问题也逐渐成为了中国社会发展中一个极为突出和敏感的问题。从某种意义上来说,中国的现代化就是农民进入工业化和城市化,因此农民工问题不仅仅是农村问题、农民问题,更是一个亟待解决的社会发展问题。

第一节　我国农民工问题的形成

农民工问题在中国现代化进程中具有特殊的历史地位,因为它不仅关系到农民的转移就业,农民的增收,农业农村的发展,而且也关系到我国的工业化、城镇化进程。那么农民工问题是怎样形成的,我国农民工目前又处于怎样一个发展状态之中,接下来我们将为大家进行详细的介绍和分析。

一、我国农民工问题形成的三个阶段

农民工问题是随着我国市场经济的崛起出现的,其产生、发展和成型都是随着我国经济和社会的发展而不断酝酿和发酵的。"农民工"是我国经济社会转型时期的一个特殊概念,它并不是指农民的户籍身份,而是指在城市打工,并将工资作为主要收入来源的农村社会群体。

20世纪80年代,在我国经济转轨、社会结构转型的历史条件下,农民工开始出现,农民问题开始形成。农民工群体的出现不是偶然现象,而是在相应的历史条件下我国特有的长期城乡二元社会和生活结构造就的。经济的发展和现代农业机械的应用使大量农民从农村转移出来,他们为了获取更多的收入,获得更好的生活条件开始流向城市,形成农民工群体。我国区域发展的不均衡导致农村生产力解放——农民进城——新的

农民工群体形成这一过程会在不同的时间、不同的区域持续上演,并且会持续很长一段时期。

(一)第一个阶段——农民工出现

从党的十一届三中全会到 20 世纪 80 年代后期,我国的改革开放初见成果,这一时期基本农村富余劳动力政策是"允许流转,控制进城",但是受到长期以来的乡土观念的影响,农民的转移仍然是"离土不离乡"。十一届三中全会以后,农村改革实行家庭承包经营,农业生产效率提高了,劳动力有富余,同时农民又有了自主支配劳动的权利,于是一部分农民为了获得更多的收入选择务工。但是这一时期,无论是制度上还是人们的思想观念上的城乡壁垒没有打开,因此这一时期的农民从事的主要都是工业和服务业的岗位,他们的就业范围和就业选择以乡镇企业为主。1983—1988 年,全国大概 6 300 万农民工在乡镇企业就业,农民离土不离乡,进厂不进城,亦工亦农,白天进厂,晚上回家,农忙种地,农闲去务工,开创了"离土不离乡"转移农业劳动力的新模式。

这一代农民工应该算做第一代农民工,当时主要是解决温饱问题,即为了"生存"。时至今日,这一代农民工早已人过中年,除了少部分具有技术专长或管理能力的人成为企业经营者,大部分人已回到农村。这一部分农村务工者并没有脱离自己的生活方式和生活习惯,农民工的社会保障问题只存在于工伤、赔偿等少数领域。

(二)第二个阶段——农民工问题的酝酿

从 20 世纪 80 年代末到党的十六大之前,是我国农民工群体和农民工问题形成的第二个阶段,在这个过程中农民工问题逐渐酝酿和发酵,并开始显示出其社会影响能力。这一时期的农民工务工政策导向是"放松限制、积极疏导",农民转移主要模式开始转变为"离土又离乡"。20 世纪 80 年代末,随着改革开放的深入,特别是 90 年代初小平同志南巡,外资企业大量进入,民营经济快速发展,沿海地区对劳动力的需求大大增加。农民有了经营自主权,城市有了用工需求,阻碍劳动力流动的壁垒逐步被突破,农村劳动力开始了大规模的跨地区流动。在这种情况下,国家适时调整政策,逐步放松农民进城就业的限制。1989 年,农村外出务工劳动力由改革开放初期不到 200 万人迅速增加到 3 000 万人。农民在不改变身份的情况下,开创了"离土又离乡"转移农村劳动力的又一新模式。由于大量跨区域就业的农民工春节返乡造成"春运"紧张,由此,形成蔚为壮观的"民工潮"。

外出进城打工的农民我们可以看做"第二代"农民工,有别于上代农民工的显著特点,他们主要是 20 世纪 80 年代改革开放后成长起来的劳动力,他们流动务工,更多地是为了寻求发展的路子,也为了挣钱之后,投入农村的发展和自己家庭的建设。第二代农民工的就业领域主要集中在建筑业、加工业、纺织业以及出口企业。随着时间的推移,这部分农民工"城镇化"之路出现了两种不同的结果:第一种是有技能、有管理能力的人成为企业生产骨干,留了下来;第二种是随着年龄增长,选择回乡。

(三)第三个阶段——农民工问题逐渐成型

党的十六大至今,农民进城务工的政策导向是"加强服务、统筹协调",并且融入城镇、成为城镇居民成为了农民劳动力转移的一个新趋势。十六大以来,中央作出统筹城乡发展的战略规划,加强对"三农"问题的关注,对农民进城务工采取了积极引导的政策。

2003 年和 2004 年国务院办公厅连续发出通知,要求各级政府切实改善农民进城就业环境、做好管理和服务工作。近年的中央 1 号文件对农民工工作都作了明确部署。2006 年国务院出台了《关于做好农民工工作的意见》(国发[2006]5 号),2008 年底又专门下发了《国务院办公厅关于切实做好当前农民工工作的通知》。农民工进城务工的政策环境进一步宽松,开始逐步从体制上打破农民工融入城镇的制约。农民外出务工又进入了一个新的发展时期,农民进城务工的数量进一步增加。我国城市化率每年增加约0.9 个百分点,这其中主要是农民工进城(主要指定居城市)做出的贡献。

近几年,农民工队伍中又出现了一个新的群体,就是 20 世纪 80 年代至90 年代初出生的农民工,我们可以称呼这一部分人为"新生代农民工",也是第三代农民工。与他们的父辈相比,他们是伴随手机、电视一起成长起来的,眼界开阔,他们从来没有种过地,对土地没有父辈那样的感情,对农村没有父辈那样的依恋,文化程度较高,渴望融入城市,但忍耐力和吃苦精神远不及父辈,心理平衡度较差,难以接受"被歧视",渴盼享受与城镇居民同等的权益。这一代农民工的特殊性和成长性值得我们高度关注,也正是伴随着这一代农民工群体的出现,劳动保障、社会保险等农民工社会保障问题才开始引起人们的重视,人们对农民工这一社会群体的关注才开始增加,农民工问题才逐渐成型。

二、我国农民工当前的基本状况

近年来,农村劳动力转移就业呈稳定增长态势。据国家统计局监测,

2012 年全国农民工总量为 28 978 万人,比上年增加 736 万人,增长 2.1%,其中外出务工 19 000 多万人,在本乡镇从业 9 000 多万人。就当前的情况来看,我国农民外出务工呈现出以下几个特点。

(一)外出农民工数量不断增加

外出农民工数量不断增加,本地就业农民工的数量不断减少。例如,2009 年全国外出农民工总量 14 533 万人,比上年增加 492 万人,增长 3.5%。在本乡镇以内从业 6 个月以上的本地农民工 8 445 万人,减少 56 万,下降 0.7%。造成这一现象的原因是,城市的高工资和完善的基础设施建设。

(二)农民工外出务工以东部地区为主

我国农民外出打工以东部地区为主,但是从比重上看开始下降。2011 年东部地区务工的外出农民工为 9 076 万人,占全国外出农民工人数的 62.5%;在中部地区务工的外出农民工为 2 477 万人,占全国外出农民工人数的 17%;在西部地区务工的外出农民工为 2 940 万人,占全国外出农民工人数的 20.2%。中西部地区比重开始增加。

(三)农村外出就业劳动力的人口结构基本稳定

以 2009 年为例,国家统计局的数字显示外出就业劳动力的平均年龄为 33.2 岁;外出就业劳动力的平均受教育年限为 8.3 年;外出就业劳动力中,女性比重为 35.5%。

(四)外出农民工从事各行业的比重比较稳定

2012 年,农村外出就业劳动力从事的主要行业分布为:工业 27.3%、服务业 30.4%、建筑业 18.5%、住宿餐饮业 9.4%、运输业 7.0%、批发零售业 5.0%、农业 2.3%。

(五)部分外出就业劳动力缺乏稳定的就业岗位

从有关机构的调查报告中,我们可以知道在进城务工的农民中有 10.9% 的人在外从事家庭经营,有 61.6% 的人有稳定受雇岗位,有 4.6% 的人从事合伙等其他类型经营,还有 23.4% 的人以打零工为主。

第二节　农民工问题的主要困境
——劳动保障与养老保障

一、劳动保障与社会责任标准

(一)社会责任标准 8000

社会责任标准 8000(SA8000)的英文全称是"Social Accountability 8000"。这里的"8000"是指这套标准在国际标准系列中的序号,并没有什么特别的含义,所以下面会将其简称为"社会责任标准"。

与 ISO9000 质量管理系统及 ISO14000 环境管理系统一样,SA8000 也是一套可被第三方认证机构独立审核的国际标准。有人预计,SA8000 迟早会与 ISO9000 质量管理系统及 ISO14000 环境管理系统一样重要,三者成为配套的企业管理体系。从某种程度上来说,SA8000 影响甚至将远大于 ISO9000 和 ISO14000。

(二)劳动保障的主要内容

目前,SA8000 条款共分为四大部分,主要内容反映在第四大部分中(即社会责任的规定),SA8000 的核心要点是劳工问题。主要标准如下。

1. 劳动权利

(1)不得使用童工。公司不应使用或者支持使用童工,应与其他人员或利益团体采取必要的措施确保儿童和应受当地义务教育的青少年的教育,不得将其置于不安全或不健康的工作环境和条件下。

(2)不得实施强迫性劳动。公司不得使用或支持使用强迫性劳动,也不得要求员工在受雇起始时交纳"押金"或寄存身份证件。

(3)企业要尊重员工的自由权。公司应尊重所有员工结社自由和集体谈判权。

(4)不得歧视。公司不得因种族、社会阶层、国籍、宗教、残疾、性别、性取向、工会会员或政治归属等而对员工在聘用、报酬、训练、升职、退休等方面有歧视行为;公司不能允许强迫性、虐待性或剥削性的性侵扰行为,包括姿势、语言和身体的接触。

（5）不得实施惩戒性措施。公司不得从事或支持体罚、精神或肉体胁迫以及言语侮辱。

2. 工时与工资

（1）公司在任何情况下都不能经常要求员工一周工作超过 48 小时，并且每 7 天至少应有一天休假；每周加班时间不超过 12 小时，除非在特殊情况下及短期业务需要时不得要求加班；加班的额外津贴也是企业按照劳动法应该给予员工的合理报酬。

（2）公司支付给员工的工资不应低于法律或行业的最低标准，可以满足员工的基本需求，并以员工方便的形式如现金或支票支付；对工资的扣除不能是惩罚性的；应保证不采取纯劳务性质的合约安排或虚假的学徒工制度以规避有关法律所规定的对员工应尽的义务。

3. 健康与安全

企业为了保护员工的生命和健康安全应具备避免各种工业与特定危害的知识，并有义务为员工提供安全性能够得到保障的工作环境，尽量防止意外或损害健康事件的发生。另外，企业应该为所有员工提供安全卫生的生活环境，包括干净的浴室、洁净安全的宿舍、卫生的食品存储设备等。

4. 管理制度

公司高层应根据本标准制定符合社会责任与劳工条件的公司政策，并对此定期审核；委派专职的资深管理代表具体负责，同时让非管理阶层自选一名代表与其沟通；建立适当的程序，证明所选择的供应商与分包商符合本标准的规定。

美国、法国、意大利等西方国家传统采购中国轻工业产品的贸易组织，还专门讨论一项协议，要求中国纺织服装、玩具、鞋类生产企业通过 SA8000 认证，以此作为选择供应商的依据。

目前，一些发达国家在从我国进口产品的时候已经开始要求我国企业在出口产品时，企业要通过 SA8000 的国际认证，否则，就退货，撤销合同。南方许多企业已经在这方面严重受挫，因此我国企业应该重新审视和制定自己的劳动管理制度。

不过，SA8000 虽然是一个国际标准，但是某些条款的内容也不是要求各国绝对统一的，而是考虑到各国自身的法律上的差别。例如，关于童工的年龄标准，SA8000 有关条款规定：儿童是指"任何十五岁以下的人。若当地法律规定最低工作年龄或义务教育年龄高于十五岁，则以较高年龄为准。

若当地法律规定最低工作年龄是十四岁,符合国际劳工组织公约第138条有关发展中国家的例外规定,则以较低年龄为准。"

(三)我国企业的劳工问题

我国的许多加工企业还在一定程度上处于资本原始积累和工业化初期,对人的管理还或多或少带有"泰勒化"的特征,即几乎是把人当作物来管理,是一种野蛮的管理。

中国企业中农民工的劳工问题主要表现在以下方面。

(1)工人住宿拥挤,宿舍条件太差,并且饮食和住宿卫生条件得不到保障。

(2)没有提供法定的福利待遇,不依法缴纳各项社会保险费。

(3)收取职工押金、扣押身份证和限制人身自由。

(4)侮辱、体罚工人,侵犯工人人身权利。

(5)工资低于最低工资标准,超时加班加点,不依法支付加班费,并且扣押拖欠职工工资,尤其是拖欠民工工资。

(6)厂房安全条件得不到保障,消防器材陈旧老化,有毒有害化学品的保管使用不当。

(7)不与员工签订劳工合同,或者不按合同期限使用员工,随意解雇,对工伤事故实行"私了",不依法赔偿。

二、农民工养老保障

(一)制度问题——农民工缴费难

民政部1992年实施的《县级农村社会养老保险基本方案(试行)》规定:"外来务工人员,原则上在其户口所在地参加养老保险。"

按照城镇现行的养老社会保险规定,民工应当在所工作的单位统一向城镇养老社会保险管理部门缴纳养老社会保险费。这使得没有固定工作单位的农民工社会保险的缴费出现了问题。

(二)民工城市参保率低

2002年,国家统计局的最新数字显示,外来农民市民化后,参加养老保险、医疗保险的比例分别只有3.4%和2.7%。虽然我国自1999年即公布实施了《社会保险费征缴暂行条例》,但条例的实施情况并不乐观。有些城市尽管专门就农民工参加社保问题制订了具体办法,但效果不尽如人意。

2005年，全国拖欠农民工工资现象有所减少，但用工单位为农民工办理保险的积极性仍然不高，据抽样调查，农民工有工伤保险和医疗保险的仅占1/3；用工单位在农民工发生工伤时提供相关费用的不足50％，有养老保险的就更少了。

对现行的民工社保制度，企业和民工的态度都是抵制的。对企业而言，为民工支付的社保费会增加生产成本，企业当然不愿意。一些民营、私营甚至合资企业向当地政府隐瞒员工的数量。有专家预测，如果完全建立与城镇一样的民工社保制度，企业将每年为每个民工支付2 000至3 000元，其用工成本将增加30％至40％。

而民工虽然是这项制度的受益者，但每月要从自己的工资收入中扣除30多元的社保费，他们也不乐意。所以，经济承受能力太弱，才是当前农民工不肯参加社保的主要原因。如果农民工将个人收入弥补到其在农村的家庭成员中，则将进一步摊薄其可支配收入。每月将近40元的社保费，一年下来就将近500元，这对农村家庭来说是一笔不小的收入。

同时，多数农民工只注重眼前利益，宁愿多要工资，也不肯交纳社保费。大部分民工的社保意识很弱，有一部分人对社会保障难以理解和接受，甚至认为交出的保费将来不能再收回。

(三)民工城市参保难以衔接

在广东、浙江务工的农民工，按照所在城市的规定都应该参加社会保险，但由于他们户口所在地的广大农村社会保障制度还未形成，这些农村户籍的外来工一旦离开城市，其养老保险的个人账户便因无法转回原籍而不得不中断。

农村社保体制的落后，也制约了民工的社保。当民工返乡时，其社会保险没有地方可以接受，尽管有些省份已经进行了农村养老保险试点，但由于与城镇的社保标准不同，也同样无法衔接，即使在一省内部的市(县)之间流动就业，也会因为相互的标准不同，而无法转移账户。

(四)试点改革仍未成功

我们以成都为例来研究一下我国目前农民工参保的现实状况。2003年1月25日，成都市人民政府正式下发《成都市非城镇户籍从业人员综合社会保险暂行办法》(以下简称《暂行办法》)，自当年3月1日起实行。《暂行办法》规定："本市行政区域内的国家机关，社会团体，城镇企业，事业单位，民办非企业单位，有雇工的城镇个体工商户等用人单位和与之形成劳动关系的非城镇户籍从业人员，以及无单位的非城镇户籍从业人员，都应参加综合社会保险。只要连续性每月交纳费用，就可享受老年补贴、住院医疗费报销、工伤补偿或意外补偿等几项综合社会保险。"

《暂行办法》主要有以下几个方面的内容。

（1）将社会保险费的缴费基数分为 8 个档次，分别为 2002 年成都市职工平均工资（11 000 元）的 60％到 200％，然后按照非城镇户籍从业人员的收入情况选择相近档次缴纳 20％的保险费，即月收入 1 000 元的交纳 200 元的费用。其中有用人单位（主要是城市居民）的由单位承担 14.5％，个人承担 5.5％，也就是说个人只需要交纳 55 元，而无单位的（主要是农民工群体）则全部由本人承担。

（2）非城镇户籍从业人员男性年满 60 周岁、女性年满 50 周岁时，用人单位和本人停止缴纳综合保险费。非城镇户籍从业人员缴纳综合保险费到男性年满 60 周岁、女性年满 50 周岁时，由社会保险机构一次性发给老年补贴。具体标准为：个人账户累计储存额＋本人综合保险年平均缴费基数×本人累计缴费年限数×0.6％。

（3）男不满 60 周岁，女不满 50 周岁参加综合保险的非城镇户籍从业人员，不在本市从业或停止从业以及虽年满上述年龄但累计缴费年限不满 1 年的，可以在出现以上情况的 6 个月后，凭终止或解除劳动关系的证明或其他有效证明，向社会保险经办机构申请将个人账户中的按本人缴费基数 8％计算的累计储存额（包括利息）一次性退还给本人，同时终止综合保险关系。不满上述年龄死亡的，个人账户中的按本人缴费基数 8％计算的累计储存额（包括利息）由其法律继承人一次性领取。

（4）用人单位的非城镇户籍从业人员，履行缴费义务期间享受工伤补偿、住院医疗费报销和达到规定年龄时享受老年补贴。无单位的非城镇户籍从业人员，履行缴费义务期间享受意外伤害、住院医疗费报销和达到规定年限时享受老年补贴。用人单位招用的非城镇户籍从业人员在参加综合保险并按时足额缴费期间，经市劳动保障部门认定属于因工负伤或因工死亡的，由市社会保险经办机构或委托的商业保险公司按照工伤致残程度，经劳动能力鉴定机构鉴定为一级至十级的，按规定的标准给予一次性工伤补偿。其中，20 周岁及其以下人员如遇一级伤残，最高可获 36 万元补偿。50 周岁及其以上人员如遇一级（最高级）伤残，最高可获 20 万元补偿。

（5）本办法实施前已按本市规定参加城镇企业职工基本养老保险、基本医疗保险和工伤保险的非城镇户籍从业人员，可以由用人单位决定不参加综合保险，继续按原规定执行；也可以由用人单位决定按本办法规定执行，以前的养老个人账户转为综合保险个人账户。对未按规定办理综合保险登记、未按规定申报应缴纳综合保险费数额、未按规定从个人工资中代扣代缴综合保险费以及延迟缴纳综合保险费的，按国务院《社会保险费征缴暂行条例》等有关法规、规章规定予以处罚。

根据该办法的相关规定，缴费基数中的8％直接划入参保人员老年补贴个人账户内，并于男年满60周岁、女年满50周岁时，由社保机构一次性发给本人。

这一综合保险不需要政府拿钱，而全部由参保人员缴费来运转。我们可以算这样一笔账，如果按从业人员年收入8 000元，那么40万人一年的费用约有6.4亿元。成都市当年预计参保人数会超过10万人，并且保险经费基本可以得到比较稳定的保证。

根据《暂行办法》有关内容的规定，农民工参保人员连续足额缴费满6个月后的缴费期间内，如果因患病或因工伤发生符合《成都市城镇职工基本医疗保险暂行办法》规定的住院医疗费，可以按规定计算报销，出于某些原因方面的考虑，这个报销比例甚至可能会比城市职工还要略高一点。

对于社会保障来说其延续性和稳定性是人们最关心的问题。因此在办理和实施农民工参保的过程中，缴费记录的保留和存档就显得十分重要，针对这一点尽管有《暂行办法》中有三个月欠费和补交的规定，但对于阶段性外出的民工保费缴纳的连续性也很难得到保证。

社保的记录最好的保存方式是终身保留，但是由于工商、税务和各级审批机构等机构都会参与到社会保险的管理之中，这一点实施起来并不是很简单。笔者给出建议是在今后各地开展非城镇户籍人员参保管理的过程中，应该以相关保险各城市之间的互相衔接为重点，只有这一点做好了才能保证流动性越来越大的农民工群体真正享受到社会保险带来的福利。

成都市政府的《暂行办法》颁布收获了一些效果，但是远远没有达到事先的预期，因此对于这项试点改革目前仍存在疑问，主要是以下两点。

第一，这项制度的收费方式是按照国家基本养老社会保险的模式收费的，即个人缴费基本上计入个人账户，单位为个人缴纳的费用计入社会统筹账户。但是这项制度的养老金发放方式却与国家基本养老社会保险大相径庭。国家基本养老社会保险金的发放方式是，个人退休后，不允许一次性发放养老金，而是首先按照个人缴费的状况，以及国家有关标准，从个人账户支付养老金，不管个人账户里有多少金额，分10年平均支付完。个人账户支付完后，如果本人还在世，再由社会统筹账户按照个人账户的支付标准，继续支付养老金，直到该领取养老金者去世。而成都市的这个制度则是一次发放完毕，并且主要是发放个人账户的金额，社会统筹那部分基本上与个人不再有关系了。这样，对于那些有工作单位的人来说，损失不大，因为缴费基数的14.5％是单位缴的，而对于那些没有工作单位，20％的缴费完全是个人缴纳的人们来说,就有点不合算了。

成都市政府出台该政策后的第 10 个工作日,成都市各类企事业单位已经为 19 000 余名非城镇户籍的从业人员办理了综合社保的登记。到 2003 年 10 月底,成都市综合保险参保已达 6.09 万人,征收综合保险费 2 858 万元。其中市本级 3.5 万人,区(市)县 2.59 万人。参保人员中由基本保险转入综合保险的有 1.19 万人,占参保人数 19%。无单位的非城镇户籍从业人员参保人数 516 人,占总人数 0.8%。参保单位 3 161 户,其中市本级 1 560 户,区(市)县 1 601 户。在参保的单位中企业 2 782 户,占 88%,事业单位 312 户,占 9.8%,机关、社团单位 67 户,占 2.2%。截至 2006 年 3 月底,成都市非城镇户籍从业人员参加综合社会保险人数达 25 万人。成都市共有 40 多万非城镇户籍的从业人员,可见,进展不算快。

第二,城镇职工的社会保障管理费用是由政府财政支付,而民工社保,政府不出管理费用,全部由参保人员缴费来支付。

成都的外来人员综合社会保险虽然取得了一定的成果,但是存在不少难以解决的问题和矛盾,目前还难以进行较深入的分析和评价,其改革经验也难以借鉴。

第三节　解决农民工问题的思路与政策建议

解决好农民工问题,就是要解决农民工最关心的问题。而农民外出务工最关心五件事:找到工作、拿到工资、工伤大病有保险、有地方住、子女能上学。因此,政府在解决农民工问题的时候应该以此为出发点进行。另外,在解决农民工问题的过程中政府机关还必须解决自身管理中存在的问题,双管齐下切实为农民工问题的解决做出努力。

一、就业问题

(一)"用工荒"和"就业难"

"用工荒"主要是由以下四个方面的因素引起的。

(1)我国经济形势持续回暖,企业生产恢复,用工需求迅速上升。

(2)中西部地区加快发展,吸引更多农民工在家门口就业创业。

(3)务工环境差,工资待遇低,部分农民工宁愿闲暇也不愿意外出就业。

(4)中央及各地惠农政策效应不断显现,吸引部分农民工回流"三农"。

"就业难"出现的主要原因有以下三个。

(1)农民工缺乏就业信息服务,农民工外出就业组织化程度不高,用工企业与农民工之间信息交流不畅,有些招工信息不能有效传达到农民工,外出就业存在盲目性。

(2)农民工技能偏低,不能满足产业结构升级和调整的需要,不少农民工不适应新岗位的要求。

(3)返乡创业困难较多,普遍缺乏启动资金,想贷款却没有抵押担保。

(二)解决农民工就业问题的建议

1. 大力开展农民工职业技能培训

根据企业用工需求和农村劳动力培训意愿,大力开展多种门类、多种形式的培训,增强农民工外出适应能力、就业能力和创业能力。这项工作,农业部门、劳动部门、教育部门都在做,2009 年,中央财政安排资金 11 亿元,全年培训农村劳动力 300 万人。

2. 完善农民工就业信息服务

加强输出地与输入地劳务对接,健全城乡公共就业服务体系,多渠道为农民工提供就业信息。输出地要为准备外出就业的农民免费提供政策咨询和准确、及时的务工信息;输入地要完善用工信息发布机制,所有职业介绍机构向农民工免费开放。

3. 积极引导农民就地就近转移就业

积极发展县域经济、小城镇,大力发展农村水电路气房,尤其是房子;大规模开展农田水利和标准农田建设,增加农民的就业机会,这是"十二五""十三五"必须干好、早晚得干的事;发展劳动力密集型产业、农产品加工业、第三产业,支持非公有制经济发展,为农民工就业提供更多就业岗位。

4. 鼓励农民工返乡创业

农民工返乡创业,不仅解决自己的问题,还增加新的就业机会,成为今后农村新的增长点。要在财政、税收、信贷、土地等方面给予大力支持,积极引导返乡农民工参与现代农业发展和新农村建设,发展规模种养业,创办工商企业,以创业带动就业。

二、工资问题

（一）提高农民工工资的意义

提高农民工工资水平不仅是调整国民收入分配结构、实现社会公平正义的客观要求，也是开拓消费市场、扩大国内需求的迫切需要。现在有 2.3 亿农民工，如果每月工资提高 100 块钱，按农民工每年就业 10 个月计算，每年要增加收入 2 300 亿元。农民工的工资消费率是比较高的，不仅个人在城镇要进行生活开销，而且还将大部分资金寄回农村，这对扩大消费市场特别是农村消费市场是很重要的。

提高农民工工资水平，是加快调整国民收入分配格局的重要内容。要努力提高劳动在初次收入分配中的比重。初次收入分配其实就是在国家、企业（资本）、劳动者（农民工）之间进行利益分配。目前收入分配中，劳动占比偏低。这就要求要妥善处理好国家、企业和农民工的利益关系，建立农民工工资合理增长机制，促进农民工工资合理增长，让农民工充分享受到工业化、城镇化快速发展的成果。

（二）提高农民工工资的建议和策略

1. 严格执行和完善最低工资制度

要严格执行最低工资标准至少两年调整一次的规定，并与当地物价水平等挂钩，尽快合理提高农民工最低工资标准。应借鉴国外通行做法，推行小时最低工资标准，在一些分散就业的行业和岗位，按工作小时计薪。我国现行的最低工资标准，由省级政府确定。近期，北京等 11 个省市制定了新的最低工资标准，上调幅度全部在 10％以上，部分省市达到 20％以上。北京市将最低工资标准从 800 元/月调整为 960 元/月，非全日制从业人员小时最低工资标准由 9.6 元/小时提高到 11 元/小时。广东省调整后的最低工资标准平均提高 21％，分为 5 个档次，企业职工最低工资标准分别为 1 030 元/月、920 元/月、810 元/月、710 元/月、660 元/月，劳动输入大省尤其要严格执行最低工资制度。

2. 积极推行企业工资集体协商制度

工资集体协商制度，是形成劳动关系主体双方依法自主协调机制的好形式，对维护农民工合法权益、稳定和协调好劳动关系十分重要。目前全国地市一级基本建立了由政府、工会、企业代表组成的劳动关系三方协调机制，关键是要发挥工会组织的作用。今后要以工资分配、工时和劳动定额等劳动标准为主要内容，推动全面开展企业工资集体协商。

3. 建立农民工工资发放保障制度

2003年温家宝总理为重庆农民熊德明追讨工资，从那之后全国范围内开展了清欠农民工工资行动，拖欠工资的问题有所缓解，但并未从根本上解决，前清后欠的问题还比较严重。为此，要加快建立工资支付监控制度和工资保证金制度，确保农民工工资按月足额发放，对农民工集中的用人单位发放工资情况，要实行重点监管，强制在开户银行按期预存工资保证金，实行专户专账管理。对拖欠农民工工资情节严重的用人单位要加重处罚，责令其停业整顿直至吊销其营业执照。

三、子女教育问题

(一)农民工子女教育存在的主要问题

农民工子女教育主要存在以下两个问题。

1. 城市公办学校教学资源不能满足需求

随着我国农民工群体的数量不断增大，随迁子女的数量也不断增多，因此对教育资源的需求也越来越大。在这种大背景之下城市公办学校教学资源已经不能满足这种快速增长的需求，因此农民工子女进入公办学校的门槛很高。

2. 农民工子弟学校教学条件普遍不好

无论是教学设施还是师资质量，农民工子弟学校都与国家公立学校有明显差距。大多数农民工子弟学校的义务教育经费没有纳入财政预算，只能靠向农民工收费维持运转；学校师资力量普遍很弱，一些老师甚至没有教师资格证。

(二)解决农民工子女教育问题的建议

1. 落实好"两为主"政策

农民工进入城市务工，活跃当地的市场为当地的经济发展做出了自己的贡献,因此政府应当把农民工随迁子女教育纳入教育发展规划和教育经费预算,按照实际在校人数足额拨付教育经费,不能存在地域歧视以及户籍歧视的行为。对于公办教学资源不足的农民工集聚地区,政府可以通过加大投入来调配资源,改善教学条件。

2. 提高民办教学资源水平

农民工子弟学校是在复杂的社会环境下形成的,它是适应社会发展需求而产生的,但是由于经费不足、管理不到位,这些学校存在很多对学生的发展不利的因素。因此对于这些学校我们不能简单进行关闭、禁止处理,而是主动去引导和规范。政府可以委托教学条件较好的民工学校承担义务教育的任务,并纳入统一的师资培训和教学管理,提高安全水平和师资水平,让这些民工学校真正发挥出自身的作用。

3. 逐步分离学籍和户籍

农民工子女在城市接受义务教育,再回到农村读高中,这种教育模式和教育环境的突然改变对他们的教育和成长都有着不良的影响。面对越来越多的农村"回迁"生,我国政府可以考虑逐步将学籍和户籍相分离,首先在农民工户籍所在省份范围内,子女可以在当地参加高考。

四、社会保障问题

(一)农民工社保参保率低的原因

2009 年底,农民工参加工伤保险、城镇职工基本医疗保险和城镇职工养老保险的比例分别只有 24％、19％、12％左右。这与城镇居民相比出现这种情况,有以下三个方面的主要原因。

(1)农民工对社保认识不足、自身参保意识不强,不少农民工宁愿多拿到手一点工资,也不愿参加社会保障。

(2)很多企业,尤其是小规模的服务类企业为了控制成本,极力压缩人力成本支出,不愿为农民工缴纳社保,在大部分农民工都不与企业签订劳动合同的前提下,也没有底气要求企业为其缴纳保险。

(3)现有社保制度对农民工而言,存在缴费压力大、转移接续不便等问题,在一定程度上,抑制了农民工参保积极性。

（二）解决农村社会保障问题的建议

1. 加大农民工工伤保险政策落实力度

工伤一定要有保险，如果工伤不保，将来会是农村的包袱。以商贸、餐饮、住宿、家庭服务等劳动密集型行业的农民工为重点人群，尽快实现工伤保险对整个农民工群体的全覆盖。只要发生用工关系，出现工伤问题就要按条例规定，要求企业承担相应责任。要简化农民工工伤认定、鉴定和纠纷处置程序。提高工伤待遇水平特别是一次性补助标准，保障遭工伤或患职业病的农民工获得与城镇职工一样的医疗救助和经济补偿。

2. 健全农民工医疗保障制度

与企业签订劳动合同、建立稳定劳动关系的农民工都要纳入城镇职工基本医疗保险制度。鼓励其他农民工参加城镇居民基本医疗保险或农村新型合作医疗保险。继续完善基本医疗保障关系转移接续办法。

3. 加快健全农民工养老保险制度

引导和鼓励农民工参加城镇企业职工基本养老保险和新型农村社会养老保险，继续扩大新农保试点覆盖面，让更多的农民工享受到养老保险。有序、规范开展农民工养老保险关系转移接续工作。研究制定城镇企业职工基本养老保险与新型农村社会养老保险的衔接政策，使回乡农民工的权益也能得到保障。

五、住房问题

（一）农民工住房问题突出的原因

农民工住房问题突出主要有三个原因。

（1）农民工经济能力不足，难以支付购买房子的花费。建设部的一项调查报告表明，目前 84.1％ 的农民工承受着来自购房、租房等住房压力。

（2）城镇住房保障体系基本未包括农民工，农民工不能享受经济适用房、廉租房等保障性住房政策。

（3）现行用地政策制约了农民工集体宿舍的建设。目前集中建设农民工集体宿舍的用地方式都与现行工业用地、集体建设用地、土地收购储备等政策相冲突，因此集体宿舍的建设受到了很大的制约。

(二)农民工住房问题的解决思路

1. 把农民工纳入国家住房保障政策体系

在城市稳定就业居住一定年限的农民工,政府应该将其纳入政府廉租房、经济适用房、限价商品房政策享受范围之内。除此之外,政府出台专门的政策,加强对农民工宿舍、公寓的建设,保证农民工合法住房权利的实现。

2. 完善农民工住房租赁市场

在农民工相对集中的地区,当地政府部门应当鼓励社区街道、工业园区、企业机构等建设适合农民工全体租赁的社会化公寓,并积极推进区域小户型房屋租赁市场,增大农民工租房的选择空间。

3. 建立完善农民工住房公积金制度

住房公积金制度是全体社会成员都应该享受的一种社会福利制度,因此也应当面向所有农民工,有条件的农民工可以依照相关的政策规定依法申请住房公积金贷款,并且可以支付房租。

4. 完善农民工住房配套制度

政府在进行发展规划的过程中,要充分尊重和维护农民工群体的利益,把农民工住房纳入城镇建设规划、土地利用规划中,统筹考虑农民工住房位置、基础设施能力,避免出现农民工居住区大规模集中的情况。这些措施可以帮助农民工更快地适应当地生活,并且更快地融入当地的生活和环境之中。

六、农民工转移后的农业生产发展

(一)农民工转移对农业生产的影响

劳动力的结构变化对农业发展产生了深远影响,突出表现为两个方面。

(1)农业用工数量减少,劳动成本增加。2003—2008 年,我国稻谷、小麦、玉米三种粮食的每亩用工数量从 11.10 个下降到 7.59 个,减少了31.6%;但每亩的人工成本从 128.12 元增加到了 175.02 元,提高了36.6%。我国每头散养生猪的人工成本上升了38.1%,规模养殖生猪的人工成本上升了 75%。

（2）留乡务农劳动力素质结构性下降，对农业科技的学习、接受和应用能力较弱。

（二）解决农民工转移负面影响的建议

为应对农村劳动力转移对农业生产和我国农村社会发展的影响，各地政府部门进行了积极探索。总结各地为解决这一问题采取的措施主要可以归纳为以下几种。

1. 创新农业经营方式

健全完善农村土地承包权流转市场，进一步解放农业生产关系，激活农业市场的活力，为我国农业经济的发展提供新的动力。转变政府职能，变管理为引导带领农民发展现代化、规模化的农业生产和经营。另外，也要积极推进新型农业发展机构的建设，如农民合作社、农业产业化龙头企业等。

2. 加快推进农业机械化

积极开发适合不同作物、不同地域特点的农业机械，同时也要改进作物品种，以促进农机与农艺的结合。比如，在农业生产中应该大力推广秧苗栽插、油菜收割等农民需求旺盛的农业机械，从而保证这些收割和播种期较短的作物能够及时完成收割，提高我国农业的耕作效率，使农作物最大化地实现其价值，从而保障农业生产的稳定。

3. 抓紧完善农业社会化服务

农业的发展、农民收入的提高离不开农业政策和信息服务两大助力，因此在发展农村经济的过程中国家要在政策上给予农业大力扶持，还要对农资配送、机耕机收、科技推广、农业信息、统防统治等农业生产服务业发展提供一定的帮助。

与发达国家的农业相比，我国的农业不仅在发展水平上落后，而且在发展模式上也存在不少的弊端。欧美发达国家的农户的农业生产具专业化、现代化的特点，他们从事专业生产会有各种服务组织提供全程的专业化农业服务，比如农资供应、测土施肥、喷洒农药、产品加工、产品销运等。因此，虽然美国直接从事农业生产的人口占全国从业人员很少，约占总人口比例的 2％，但是为农业配套服务的科研、技术、劳务、营销、加工储运等相关人员则占 15％，大大超过了农业本身的直接从业人口。

4. 着力培养新型农民

我国政府可以充分借鉴德国、日本、韩国等国家的经验,将留守农村的农民培养成职业农民。可以通过与科研院校开展定向委托培养,免费开办农业职业学校,组织多种形式的农业技术培训等手段培养一批高水平的农民。新型农民在农村和农业领域的活跃不仅可以有效地帮助农民提高收入,而且也可以促进我国农村经济的发展。

第四节　农民工问题展望

我国的农民工问题是历史与现实综合作用产生的结果,想要彻底得到解决并不是一个短期内能实现的问题,需要十几年乃至几十年的时间。由于我国庞大的人口基数和农业人口,在今后相当长的一个时期内,我国农民工总数量都会呈现出一个增加的趋势。那么我国农民工问题究竟向着什么样的方向发展,我们可从以下两个方面来思考。

一、影响农民工问题解决的因素

(一)城镇化进程

农民工产生的基础是我国大量的农村剩余劳动力,如果我国农村剩余劳动力能够处于一个相对均衡的状态,那么农民工问题的解决将会进入一个良性的循环之中。减少我国农村剩余劳动力最直接最有效的办法就是城镇化,因此从某种程度上来说我国城镇化的进度和程度,将影响到农民工进城的数量,也影响着农民工社会群体的生活和工作状态。

(二)城乡差距

由于我国城乡发展的不平衡,使得农民工进城务工甚至选择在城市生活的趋势会只增不减。如果放任我国城乡差距继续扩大,那么仅仅依靠城市的适应性调整来解决农民工问题,其过程会是十分艰难的,并且也不可能取得十分完美的结果。因此在处理发展问题的过程中,我国各级政府应该努力致力于缩小城乡差距,提高农民的收入,使农民在农村也能享受便利的公共服务设施,这对于解决我国农民工问题具极为积极的意义。

(三)经济周期

改革开放之后,我国确立了市场经济在我国经济发展中的主导地位,因此市场要素就不可避免地成为了我国经济发展过程中不可忽略的一个方面。虽然我国市场经济的发展使得我国的经济发展取得了巨大的成就,但是我们也应该看到市场经济自身的固有的缺陷使得经济发展的风险也大大增加。

(四)农村劳动力供给

从长期趋势看,农村新增劳动力的数量会先上升然后逐渐下降。在这个过程中政府应该做好应对准备,在农民工数量上升的过程中应该努力创造就业岗位和就业机会;农民工数量减少的时候要做好经济的转型工作和农民工技能培训工作,提高农民工的质量和素质。

二、农民工问题的分析预测

从一个较长的历史时期看,随着我国经济水平的提高和时间的不断推移,我国农村劳动力及其相应人口将不断融入城市,也就是我们所说的城镇化。城镇化是农民工问题不断缓解和解决的主要标志和特征,也是我国社会发展不断进步的一个基本表现。

(一)农民工问题发展的理论分析

机械化生产使得农村劳动力逐步从繁重的体力劳动中转移出来,这些富余的农村劳动力进入非农产业和城镇,是符合经济和社会基本发展的一种现象,也是一种必然的历史趋势。通过对历史的考证和对我国农民工的流动方向的观察,我国的农民工从农村流向城市的过程中,有一部分农民工融入城市成为市民,另一部分则流回农村。这个过程方向既定且又循环往复,总趋向是农村不断向城市输送劳动力。在整个发展过程中,我国政府和有关部门应该尊重这一基本发展规律,对农民工问题进行科学的引导,当农民工流动规模逐渐缩小一定程度的时候,农民工问题也就得到了解决。

(二)农民工问题发展的数量分析

虽然从长远来看我国农民工数量会下降,但是今后还有相当不短的一段时间农民工的规模会保持一个增大的态势。经测算,综合考虑我国农村劳动生产率、土地产出率、劳动力边际收益和平均价格等因素,目前农业剩余劳动力在 1 亿左右。这些剩余劳动力还将会以农民工的形式转移出来，如果按最近几年来全国农民工数量每年增加 500 万～600 万人计算，还需要近 20 年的时间才能消化完，这个时间大致与我国人口峰值时间 2030 年前后相吻合，与劳动力峰值时间也大体吻合。预计到 2015 年，我国农业从业人员数量将减少到 2.5 亿人，农业实际需要的劳动力数量将下降到 1.75 亿人，农业剩余劳动力数量会相应减少到 7 500 万人左右。我国劳动力总量将在 2020 年之前达到峰值，并将保持约 10 年时间。而要使如此规模巨大的流动就业的农民工真正实现稳定就业，并进而在城市定居，将需要更长的时间。

(三) 农民工问题发展的模型分析

根据我国目前的经济发展速度和城镇化进度，城乡人口流动达到均衡点的时间将会出现在 21 世纪中叶。城乡人口流动的经典理论中，刘易斯人口流动模型从宏观的角度，托达罗模型从微观的角度，都曾提过城乡人口流动将有均衡点。笔者在研究农民工问题时，曾从宏观和微观综合的角度，构建了人口城市沉淀模型，分析了我国城乡人口流动也将在一定时期内达到均衡。模型分析表明，城乡人口流动均衡点将在本世纪中叶出现。农民工问题是我国社会发展过程中不可避免的一个社会问题，它既是我国在社会转型期的产物，也是我国经济和社会转型的一个考验，最终它将伴随我国现代化的实现而消失。

总之，农民向非农产业和城镇转移，转变为工人和市民，是推进工业化和城镇化的必然产物，是社会全面进步的重要标志。伴随着我国二元社会经济结构的打破，工业化和城镇化的实现，城乡差距、工农差距的逐步消失，我国的农民工问题将逐步得以解决，农民工终将在现代化的历史潮流中完成自己的使命。

第八章　统筹城乡社会保障协调发展

我国社会保障制度的一个重大特征就是城乡二元体制,简单的说就是农村和城市执行不同的社会保障标准和有关制度。随着全面展开小康社会建设的开展,这种二元化的保障制度与我国社会和经济发展的需求越来越不相符,甚至有些政策已经对农村社会的进步和发展产生了阻碍,因此在新时期我国政府会对这种体制的社会保障进行相应的改革。

第一节　城乡二次元社会保障制度的形成

我国社会保障制度的城乡二元分治格局是从 20 世纪 50 年代逐步形成的,出现这种状况,有其必然的历史原因。

一、农村生产力落后,农业人口多

1949 年之后,虽然我国在政治制度上已经进入社会主义的初级阶段,但是广大农村的生产力水平很低。这直接导致农民劳动生产率十分低下,农民的收入满足自己的需要之外,很少有剩余。而社会保障必须建立在物质产品除了满足基本需要之外还有一定剩余的基础之上。

同时,我国农村人口占总人口的比例太高,这就使得国家财政在当时的状况下,难以对农村社会保障进行明显的改善。1949 年,农村人口占总人口的 89.4%,1950 年为 88.8%,此后一直到 1980 年农村人口占总人口的比重始终维持在 80% 以上,直到 1981 年才降到 80% 以下。

通过上面的介绍我们可以知道,农村生产力十分落后和农业人口众多是造成城乡社会保障制度二元化的客观原因。

二、"城乡分治"的宏观管理制度

社会保障制度是整个经济社会制度的一个组成部分,当整个经济社会制度形成二元分治的格局时,社会保障制度也难逃厄运。由于中国的权力中心在城市,所以二元分治的结果会出现下面两种情况。

(1)各级政府对农村和农民的利益保障缺乏足够的重视,在农村地区,向农民提供基本的福利也缺少法律与制度保障。

(2)即使基层政府具有提供社会保障福利的愿望,但体制分配造成的财力缺乏会成为发展农村社会保障的最大障碍。

三、财政制度不合理

(一)财权与事权不对称

财权主要集中在上级财政,从而财力也主要集中在上级财政,而事权主要由下级部门承担。这种财政政策会削弱下级财政以及其他政府职能部门的职能,很多政策和社会保障支出难以得到保障,最后只能造成农村地区与城市地区的差距越来越大。

(二)各级财政自我服务,财务分灶

这种情况造成各级财政没有动力为本级区域提供社会保障福利等公共品,只有动力为所在中心城市和国有企业提供社会保障等公共品。

长期以来,财政主要是支持国有单位的发展,支持国家的工业化,财政支农不力,削弱农业发展后劲和竞争力。在工业化和城市化的条件下,农业的弱质性和它在国民经济中的重要地位客观上要求国家财政加大对农业的投资力度,支持那些投资大、周期长、风险高,但外在效益显著的项目(如农村基础设施、农业科技研发和推广、生态环境保护等),以弥补市场机制在资源配置中的缺陷,增强农业的竞争力。

财政支农的支出占整个财政支出的比重达到10%以上,才能够对农业的发展起到有效的推动作用。但是长期以来,我国政府对农村地区的财政支出数额有限,且连年下降。我们来看一组数字,1980—2000年,我国基本建设投资中农业的比重由9.3%下降到7.0%,财政支出中支农资金的比重由12.2%下降到7.8%。1996—2000年,财政支农资金占农业总产值的比重平均为6.7%,低于发展中国家10%~12%的水平,更低于发达

国家 30％～50％的水平。2000 年以后,我国政府对农业问题的关注度上升,在农村电网改造、基础教育和公共卫生等方面增加了投入,情况有所好转,但长期发展造成的局面难以一夕改变,我国农村地域与城市地区的社会保障水平依然存在巨大的差距。

(三)农村基层财政困难,资金短缺

历史上,由于财权基本上集中在中央财政以及地方的上级财政手中,基层财政对资金利用的支配权几乎为零,因此它们在我国财政体系中仅仅是充当一个收钱的机器而已。

当前,农业税的取消意味着基层政府征收税费的权利以及财源不断地被削弱,而 1994 年开始实施的分税制基本上没有随着农村税费制度的改革作相应的调整,在基层政府税源萎缩的同时,中央财政以及地方财政的上级财政对基层财政的转移支付规模小、不透明、不规范,也得不到制度上的保障,这就使得基层财政状况日益恶化已经成为一种普遍现象。

(四)农村基层政府机构设置不合理

陈旧的地方行政管理机构的设置导致基层财政经常性费用开支规模过大,地方财政不堪负重,结果往往是农村基层政府及其财政无力顾及农村社会保障事业。很多文献在提供"三农"问题的解决方法时,认为"吃饭"问题给地方财政造成太大的压力。需要通过精简地方行政管理机构,或者上级财政加大对基层财政转移支付力度的方式解决资金缺口,少有文献对基层政府尤其是乡镇级政府存在的合理性提出质疑。仅仅从政府行政的成本—收益角度考虑,如果一级政府的行政成本大于、等于可能产生的收益,那么该级政府就没有存在的必要。这种状况在现实中确实大量存在。很多乡镇级政府为了养活机构的管理人员占有大量的税费资源,而为当地居民提供的公共服务有限,甚至更多情况下是给农村居民带来麻烦和负担。基层政府从历史上沿袭而来且不断膨胀的行政管理机构,是造成农村社会保障因资金制约而供应不足的直接原因。

四、单位所有制的影响

中国社会保障制度在相当程度上是单位福利制度和行业(部门)福利制度,城里居民大多数都是有单位的,因此城镇居民的社会保障多了一个层次,保障水平也会得到提高。而在农村,大多数行政村和乡镇政府是没有什么财力的,农民基本上是以家庭为单位的,结果是,农村居民除少数"五保

户"外,基本上没有什么制度化的社会保障待遇。

五、传统养老观念巩固了二元社会保障制度

我国农村具有较为浓厚的家庭养老传统,农民也没有奢望国家提供多少社会保障方面的福利。这就使得官方和民间都没有把农村社会保障问题提高到应有的地位,没有引起足够的重视。

六、传统的思想观念阻碍了农村社会保障的发展

土地对农民来说,确实具有一定的社会保障功能,但是其缺陷也很明显。

(1)土地的这种保障功能是有限的、低水平的,已经不适合农民实际生活水平提高的要求,也不适合全面建设小康社会和和谐社会的基本要求。并且由于人均土地数量的减少、土地收益的下降,土地的这种保障功能也就越来越弱。

(2)不管土地的社会保障功能是高还是低,我们都不应当以土地具有保障功能而无限期地把农民拒绝在现代社会保障制度的大门之外,享受社会主义建设的成果是每个社会成员都具有的权利。

第二节　城乡二次元社会保障制度及其弊端

社会保障制度二元分治虽然具有一定的历史原因,但是也带来许多弊端,并且随着时间的推移,这些弊端越来越突出,已经到了必须加以逐步解决的程度。

一、导致农村社会保障的建设和发展严重滞后

(1)农村社会保障制度严重滞后于城市社会保障制度的发展。目前城市社会保障体系早已建立起来了,这主要包括社会保险、社会救助、社会福利。其中,社会保险又包括五大社会保险项目,即养老社会保险、医疗社会保险、工伤社会保险、失业社会保险、生育社会保险。并且,养老社会保险又包括三个层次:基本养老社会保险、补充养老社会保险(企业年金)、个人储蓄养老保险。但是农村还没有一个社会保障项目得到较为普遍的实施,甚

至就是已经实施多年的、农村最早的社会保障项目——"五保户"制度,在中西部地区许多农村也是有名无实的。

(2)其次,农村社会保障制度滞后于农村本身的经济社会发展状况。

二、社会保障覆盖面难以扩大

社会保障制度应当成为一项每个人在生活有困难的时候都可以得到生活保障的制度,因此,其覆盖面应当逐步扩大到所有社会成员。我国的社会保障覆盖面到最近几年才达到了 30%,表 8-1 是我国农村社会保障发展的基本情况,而同时期西方发达国家的农村社会保障率已经达到了 90%。

表 8-1　我国享受社会保障人数

年份	社会保障覆盖人数(万人)	占总人口的比重(%)
1986	13 095	12.2
1987	13 820	12.6
1988	15 845	14.3
1989	15 885	14.1
1990	16 749	14.6
1991	17 197	14.8
2001	24 236	18.9
2002	26 761	20.8
2003	27 815	21.7
2004	37 700	29.0
2005	40 000	30.8

从表中我们可以看出我国社会保障覆盖率并不广,这也变相的说明我国农村保障发展的滞后。根据 2003 年中国(海南)改革发展研究院对儋州市四个乡镇的调查,93.3%的农户表示从未享受过政府提供的任何社会保障,只有 4.7%的农民表示曾获得政府救济,1.5%的农户获得自然灾害救济,而且款项特别少,少则 3~5 元,多则几十元。

三、社会保障分配明显倾向于城市

农村社会保障不仅在制度建设和覆盖面方面滞后于城市,而且在人均收益分配方面也少于城市。占全国人口不到 45% 的城镇居民占有全国财政性福利支出的 95% 以上的份额;而占全国人口 55% 以上的农村居民的财政性福利支出比重不足 5%。同时我国的福利制度以单位为本位实施,没有单位的农民与住房、医疗、退休金、养老保险、劳动保护、工伤待遇、休假、日常生活福利、福利设施、独生子女补助、免费培训等福利待遇无缘。

这种分配格局加剧了城乡之间的收入差距。城乡收入水平本来就存在一定的差距,但是,社会保障大大加剧了这一差距。2004 年,城乡居民收入差距本来是 3:1,可是加上各种福利差距后,实际就达到了 6:1。

第三节 统筹城乡社会保障制度协调发展的政策和建议

统筹城乡社会保障制度发展,必须寻找恰当的切入点,以求达到事半功倍的效果。

一、以人口城市化为切入点

我国人口城市化水平在改革开放之前,进展十分缓慢,参见图 8-1。改革开放之后,速度有所加快,但是与同等经济发展水平的其他国家相比,仍然偏低。例如,世界银行根据 1999 年的人均 GDP 指标,把中国划入中下等收入国家的行列,而 1999 年,中国人口城市化的水平为 32%,但是中下等收入国家平均为 50%。

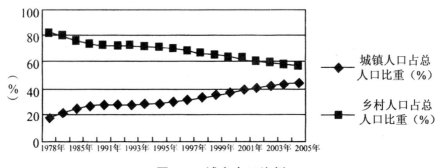

图 8-1 城乡人口比例

(资料来源:国家统计局中国统计年鉴 1992、2004,国家统计局 2005 年中国经济社会发展统计公报)

发展农村社会保障,应当与人口城市化联系起来。即对农村人口实施分流,这一方面可以使得农民尽快富起来,提高农民参与社会保障的实力,另一方面,可以使得农民进入城市社会保障体系,减轻发展农村社会保障的压力。

因此,人口城市化是发展农村社会保障的一个切入点。

二、以打通城乡之间社会保障制度的通道为切入点

在城乡之间社会保障水平有一定差距的前提下,应当打开城乡之间社会保障互相转换的通道。即已经参加农村社会保障体系的人,一旦进入城市工作,其在农村的社会保障权益应当能够通过一定的方式转化为城市社会保障体系下的权益,而不必在城市从"零"开始。反过来,一个已经加入城市社会保障的人,一旦转移到农村去,其在城市的社会保障权益也应当能够转化为农村社会保障体系下的权益。否则的话,就可能出现以下几种情况。

(1)如果双重身份都保留,可能出现一个人具有双重社会保障身份,享受双重权益。

(2)如果双重身份都保留,在个人缴费方面,将出现个人负担过重的情况,难以继续下去。

(3)如果简单地终止在农村的社会保障关系,在城市重新加入社会保障,就会损害个人的合法权益。如在城市加入养老社会保险,至少需要缴费15年,并且以后肯定还会提高缴费年数。但是一个已经在农村劳动很长一段时间的劳动力在转入城市就业时,重新缴费到60岁,可能无法达到缴费15年的基本要求。

三、以合作经济发展为切入点

合作经济组织形式应当成为建立农村社会保障的一个切入点。

(1)从市场失灵和政府失灵的双重失灵角度来看,未来的社会保障制度的模式,应当更多地吸收合作社制度的合理成分,应当采取合作社制度的模式。

(2)社会保障本来就是合作经济制度应有的功能。大空想社会主义者的合作社,罗虚代尔合作社、西班牙的蒙德拉贡合作社都具有社会保障的功能。目前,在发达国家,社会保障的一些项目,也直接采取了合作社的模式。如城市合作医疗团体组织、社区服务合作社团体。

四、以降低城市社会保障的"门槛"和标准为切入点

目前,城市社会保障水平过高,缴费比例过高,导致城市社会保障的门槛过高,农村人口难以"进入"。具体来讲,门槛过高主要表现为以下几个方面。

(一)制度建设不完善

目前的社会保障制度,主要是针对全日制从业人员而设计的,对从事非全日制工作的人员几乎全不适用,因而成为当前扩大就业的体制障碍。由此可见,在目前的情况下,社会保障还不是国民待遇,社会保障的身份门槛很高。

(二)社会保障缴费率过高

按照制度规定,企业缴纳养老、医疗、失业、工伤和生育等5个险种的名义费率,总计为29.8%。其中,养老保险的名义费率最高,相当于职工工资总额的20%。在制度实施过程中,名义费率是由省级政府规定的,一些地区规定的名义费率大大高于制度规定的名义费率。

(三)停止缴费的年龄规定得过死

目前的规定是到60岁,就必须停止缴费。这是不合理的,应当规定超过60岁可以继续缴费,至少缴到65岁;同时,只要缴费不满规定的最低缴费年数,劳动者以及非劳动者都可以继续缴费,一直缴纳到达到最低缴费年数为止。

所以,我国社会保障改革与发展的方向应当是不断降低加入社会保障的"门槛"。

五、统筹城乡社会保障制度发展的措施研究

统筹城乡社会保障制度的发展,是一项难度很大的系统工程,它既涉及到两个制度内部的问题,也涉及到两个制度之间的协调。我们以往发展社会保障的某些措施,不仅没有缩小城乡之间社会保障方面的差距,反而扩大了这种差距。所以,我们必须转变思路,统筹考虑,采取有利于城乡社会保障制度协调发展的有力措施,促进城乡社会保障制度不断走向统一。

(一)转变城市社会保障制度改革的思路和模式

1. 将统筹城乡社会保障改革与二元经济制度改革相结合

(1)深化财政体制改革。扩大公共财政覆盖面,增加农村公共品供给,千方百计增加对农业和农村的投入。

(2)加快农村就业制度改革。要着力解决好外来农民管理难、子女上学难和拖欠工资等问题。通过建立健全就业制度和城乡一体的就业市场,改善城乡劳动力就业的环境。

(3)推进土地征占用制度改革。尽量在农民自愿的前提下,采取等量面积无偿置换,差额面积货币计差的原则,保障农民的基本权益。宅基地置换新建住房,办理出让手续,让农民取得房地产权证,使农民宅基地价值显现。

(4)深化行政管理体制改革。应当撤销乡镇这一级政府。

2. 调整国民经济分配格局,公共财政一定要覆盖农村

该措施可以确保城乡二元性制度安排逐步过渡到城乡一体的一元化制度。实现这个目标需要从以下几个方面入手。

(1)加大对农业的支持保护程度。

改革农业投入体制,推进农村投资和金融体制改革,扩大农业投入来源,增加农业投入总量,使现代农业发展有资金和物质保障;调整财政支农资金的使用方向,调整农业补贴领域和补贴重点,及时出台各种对农民收入直接支付的办法,逐步将政府对农民收入的直接支付作为增加农民收入的一个重要来源和渠道;加大对农业和农村基础设施的投入力度,改善农民的生产、生活条件;建立农业保险制度,政府要对农业保险予以补贴,降低农民因灾、因病遭受的损失。

(2)减少对农民利益的侵占。

在取消专门针对农民的税赋制度后,要将维护农民利益的重点放在改革土地征占用制度上,坚决抵制对耕地的乱占滥用,控制耕地征占规模,明确界定政府的土地征用权和征用范围,切实保护农民的根本利益。

(3)启动城乡居民的收入调节机制。

进一步完善按劳分配为主体,多种分配方式并存的分配制度,通过国民经济再次分配和财政调节的功能,校正初次分配造成的城乡居民收入差距。

3. 利用农村人力资源的优势，发挥农村劳动力的保障服务功能

在郊区、县镇等具备一定的条件的居民点，建设各种养老院，把城市里离退休者安置在这些地方养老，既节省了城市居民在这方面的开支，又增加农民的收入。总之，农村人可以到城市养老，城市人也可以到农村养老。

（二）以个人自愿储蓄养老的模式改革城乡社会保障制度

基本养老保险、补充养老保险和个人储蓄养老保险是一个完善的养老保险制度的必不可少的三根柱子和三个层次。个人储蓄养老保险可以分为两种方式：一是强制性的个人储蓄养老保险，二是自愿性的个人储蓄养老保险。全世界已经有 20 多个国家建立了强制性的个人储蓄养老保险制度，还有更多的国家建立了自愿性的个人储蓄养老保险制度。国际社会保障协会早在 1995 年第 25 届大会主席报告中就指出：作为养老保险的第三个层次的个人储蓄养老制度在世界范围内有加快发展的趋势。目前，许多国家的个人储蓄养老保险制度已经相当规范和普遍。

1. 我国个人储蓄养老制度上的认识误区

我国自愿性的个人储蓄养老保险已经提倡了多年。但是，有关个人储蓄养老保险的制度却迟迟没有任何实际性的进展，这将严重制约整个养老保险制度的发展与完善。究其原因，思想认识上的误区是导致这种状况的重要原因。

（1）误区一：个人储蓄养老保险只包括城镇职工。

目前，存在一种误区，即，认为个人储蓄养老保险只是对城镇职工而言，不包括、或者说根本没有考虑城镇个体、私营劳动力，特别是没有考虑城镇非就业人口和农村人口的个人储蓄养老保险。

（2）误区二：个人储蓄养老是自愿的，不需要配套的规章制度、法规。

我国官方首次提出建立个人储蓄养老保险制度是在 1991 年发布的《国务院关于企业职工养老保险制度改革的决定》中提出来的，其中第二条提出"随着经济的发展，逐步建立起基本养老保险与企业补充养老保险和职工个人储蓄性养老保险相结合的制度。改变养老保险完全由国家、企业包下来的办法，实行国家、企业、个人三方共同负担，职工个人也要缴纳一定的费用"。此后也多次强调过。

虽然农村也有自愿性的个人储蓄养老保险制度，是原先由民政部主办的，但是，这项制度又与城市的个人储蓄养老保险制度分离，是一个二元分治的体系。

（3）误区三：个人储蓄养老保险与基本养老保险、企业单位补充保险挂钩。

我国官方首次提出建立个人储蓄养老保险制度的 1991 年发布的《国务院关于企业职工养老保险制度改革的决定》第八条中规定："国家提倡、鼓励企业实行补充养老保险和职工参加个人储蓄性养老保险，并在政策上给予指导。同时，允许试行将个人储蓄性养老保险与企业补充养老保险挂钩的办法。"所以，由此形成一个误区，每当提到城镇职工个人储蓄养老保险，必把它与企业补充养老保险捆绑在一起。而企业补充养老保险又是与基本养老保险捆绑在一起的，即只有已经参加了基本养老保险制度（社会统筹与个人账户相结合的全国基本养老保险制度）的企业，才有资格建立自己的补充养老保险制度。这样，从我国官方首次提出建立个人储蓄养老保险制度那天起，就把它与补充养老保险制度和基本养老保险制度捆绑在一起了。

实际上，第八条的规定只是把企业职工的个人储蓄养老保险与企业补充养老保险、基本养老保险捆绑在一起，并没有说，非职工人口的个人储蓄养老保险制度如何建立。

（4）误区四：把个人储蓄养老保险仅仅定位在减轻国家养老负担方面。

为什么要发展个人储蓄养老保险制度？有一种观点认为，发展个人储蓄养老保险可以减轻国家在统筹账户方面的负担，即降低退休金的工资替代率。这种观点有一定的道理，但是也存在严重的偏见和误区。

按照这种观点，个人储蓄养老保险制度主要应当在被覆盖在基本养老保险制度中的人口群体当中建立，没有被覆盖到基本养老保险制度的人口群体也就无所谓了，因为他们反正不存在需要降低退休金的工资替代率的压力。

实际上，正好相反，正是那些没有任何养老保险制度安排的人口群体才是最为急切需要建立个人储蓄养老保险制度的。并且他们应当得到的税收方面的优惠，必须多于已经被基本养老保险制度和补充养老保险制度覆盖的人口群体所得到的税收优惠。

2. 对策与建议

（1）制定针对性的保障政策。

个人储蓄养老保险应当主要针对没有参加社会基本养老保险和补充养老保险的人口群体，并且应当是城乡统一的，而不仅仅是统筹。目前我国社会统筹养老保险在向个体私营"扩面"中，遇到很大阻力，而扩大覆盖面后又带来比职工参保更大的隐性债务。

实际上，无论是在发达国家还是在发展中国家，社会统筹养老保险制度向这个人口群体扩面,从来就没有成功的先例。这个人口群体需要的是个人账户高度透明、高度独立的养老保险制度,任何统筹性的社会养老保险制度都会遭到他们的抵制。所以,必须建立主要针对这个人口群体、也适用于其他人员的个人储蓄性质的养老保险制度。

(2)设计科学的保障方案。

应当设计出一种具有可操作性的方案,该方案独立于社会统筹基本养老保险制度和企业单位补充养老保险制度之外。

我们这里所说的科学的保障方案应该具有以下两个基本特点。

①该方案在制度上应当是分离的、分立的、独立的,不要"合璧"。

②在资金的投资运营的委托机构等方面,也是独立的,不应由社会保险管理机构代管,而应是分散化的代管,如银行、商业保险、证券经营机构等。

(3)制定优惠税收政策。

在税收优惠方面,那些没有任何养老保险制度安排的人口群体,他们人均得到的税收优惠量,应当等于那些已经被基本养老保险制度和补充养老保险制度覆盖的人口群体从基本养老保险制度、补充养老保险制度和个人储蓄养老保险制度这三个层次所得到的税收优惠量。农民等没有参加第一个层次和第二个层次的人口群体的个人储蓄养老账户应当得到更大的税收等方面的优惠。

(三)以合作经济的模式发展农民社会保障制度

农民社会保障制度的建立与发展应当更充分地使用农村合作经济组织的制度资源和人力资源。

1. 充分发挥各种合作经济组织的社会保障功能

(1)通过内部调节,充分利用合作社组织,提高农民就业的范围、提高农业劳动力的利用率。

(2)通过合作社组织积累社会保障的资源,包括资金,互助服务资源。

(3)合作社组织可以向社员提供一定的福利。

2. 发挥合作经济组织的"企业"职能

合作社经济组织可以以集体为单位,参加全国统一的社会养老保险和社会医疗保险,就像企业参加社会保险一样(企业与职工共同缴费),合作社与社员共同缴费。

3. 整个农村社会保障制度采取合作社的管理模式

通过上面的介绍我们知道，通过科学的管理既可以避免市场失灵的缺陷，也可以避免政府失灵的缺陷。由于我国幅员辽阔，管理层次繁多，监督和管理效率并不高，因此农村社会保障难以适应城市那种直线管理的模式。所以，农村社会保障管理体制，应当更多地依靠农民自己，逐步实现自我管理。国家主要是制定基本的法律制度、进行外部性监督，具体事务应当由农民合作社自己去做。

第九章 国外农村保障制度建设的启示

我国从 1986 年开始,对农村社会保障制度进行了一系列的改革,旨在建立包括农村养老保险、农村医疗保险、农村社会救济多方面内容的农村社会保障体系。但是由于我国社会保障体系发展时间有限,我们在建设过程中难免会碰到一些棘手的问题,而西方发达国家发展农村保障制度已经有很长一段时间了。我们可以通过对西方发达国家农村保障制度发展状况的研究,吸取必要的教训、累计必要的经验。

第一节 西方主要国家的农村保障制度建设

西方国家发展农村保障制度已经有一百多年的历史了,形成了相对完善的农村社会保障制度。由于西方国家农村人口稀少,很多西方国家的社会保障已经覆盖了所有农村居民,真正实现了"全民皆保险"。而在西方国家发展农村保障制度的建设过程中,有哪些重要内容可以给我们带来启发呢? 本节中将对西方主要国家的农村保障制度建设进行探究。

一、美国的农村社会保障制度

美国是典型的实行自由主义福利体制的国家,社会保障主要强调个人在市场中的权利,并且认为政府应当尽量少的介入社会保障。下面我们从农村社会保障政策以及农业政策两方面来研究美国的农村社会保障制度。

(一)美国的农村社会保障政策

1. 美国农村社会保障政策的形成

在美国,农村人口占总人口的比重很低,而农业产值也只占全国生产总值的 2% 左右。因此,美国的城乡差距并不像我国表现得这么明显。因此,美国的农村社会保障政策基本上和覆盖全国的社会保障制度相同。美国是一个强调个人自由的国家,在 20 世纪 30 年代发生资本主义经济危机时,才开始建立社会保障制度,由国会通过的《社会保障法案》标志着美国社会保障制度的最终产生。

2. 美国农村社会保障政策的内容

从内容上来看,美国的社会保障制度包括多方面的保险项目,有养老、医疗、失业、残疾、生育、社会救济等等。美国社会保障的涉及范围涵盖了包括所有农村居民在内的全国公民。美国社会保障内容中的养老保险分为国家强制性保险、个人储蓄型保险等三个类别。在医疗保险方面,目前美国可以享有医疗保险的公民已经占到国家总人口的 82% 之多。

具体到农村来说,在医疗保险方面,农村居民大部分拥有大病医疗保险,医疗合作社也在美国的农村医疗保障中发挥着重要的作用。除此之外,美国农村的社会保障具体还包括给低收入农民提供食品救助等政策。

(二)美国农业保险政策

美国农业保险开始于 1922 年,美国国会参议院组织专业人员对农业保险的实施问题进行研究。经历了 1933 年至 1934 年的严重旱灾,全国的农业产量大幅下降,到了 1938 年,美国通过了《联邦农作物保险法》,对国内农作物保险相关措施进行了明确规定。《联邦农作物保险法》规定,农业部内开设联邦作物保险公司,由农业部长任命董事会进行管理,但是经过四十余年的发展,农作物保险工作在美国并没有取得非常理想的发展。因此,到了 1980 年,美国又重新对《联邦农作物保险法》进行了修正,决定将农业保险作为农业灾害保障的主要形式,并扩大农业保险项目的覆盖范围。从改革的结果来看,修正《联邦农作物保险法》显然取得了巨大的成效:在美国得到保障的农作物数量从 1980 年的 30 种增加到 2000 年的 100 种;农作物保险金额也从 1980 年到 2000 年整整翻了十倍。为了防止一些不法分子在农业保险中进行投机活动获得非法利益,美国还对农业保险数据的建设进行了专款维护。这些经验都对日后其他国家的农业保险建设提供了借鉴。

二、俄罗斯的农村社会保障制度

俄罗斯联邦没有专门的农村保障制度,在俄罗斯,农村居民和城镇居民一样享受社会保障制度的福利。

（一）俄罗斯社会保障制度的发展

俄罗斯从苏联时期开始形成较为完善的社会保障制度，主要内容有基本的养老保险、医疗保险、失业保险和社会保险等。但是经过苏联解体之后，俄罗斯的社会发生了巨大的变化，社会稳定也遭到了破坏，在这种情况下，俄罗斯政府又相继开设了一些特殊的社会福利，提供给特殊的社会阶层，比如说提供给政府官员的住房待遇和免费交通福利；提供给特殊职业者免费医疗服务等等。

（二）俄罗斯社会保障制度的内容

俄罗斯的社会保障制度主要包括以下几部分的具体内容。

1. 养老金

俄罗斯的养老保险覆盖范围很广，数据显示，目前俄罗斯公民中平均每4个人就有一个人能领取养老金。但是养老金的金额却不是很高，在 3 500 万领取养老金的俄罗斯人中，有 1 000 万人左右只能领取到低于平均最低收入的养老金。

2. 免费医疗

免费医疗的具体内容包括免费就医、免费使用医疗器械等。俄罗斯的医疗采用医药分离的制度，也就是说，病人到医院就诊，由医生为其开药，但是病人需要凭药方到药店购买药物，然后根据医疗制度的具体规定确定是否可以享受公费购药。

3. 失业救济金

俄罗斯的失业救济金发放范围也不是很广，在整个国家，只有约 800 万人进行了失业登记，而整个俄罗斯只有 9% 的失业人员领取失业救济金。俄罗斯的失业救济金的数额也非常之少，大概只占到平均工资的 12%，也就是说失业人口凭借失业救济金根本无法使自己的基本生活得到保障。

4. 儿童补助金

儿童补助金是俄罗斯提供经济资助的传统手段之一。目前，俄罗斯共存在三种形式的儿童补助金。儿童补助金的资金来源是联邦和地方预算以及社会保险基金。儿童补助金的数额根据儿童年龄的不同也存在一定的差异，一般情况下是俄罗斯平均工资的 4%。由于俄罗斯一直缺乏明确的资金分摊机制,再加上为了实现对财政赤字的控制,因此俄罗斯政府一向倾向于实行低标准的儿童补助金政策。

5. 社会援助计划和食品补贴

俄罗斯政府设立的社会援助计划旨在为贫困以及残疾的社会人口提供基本的社会援助,比如社会人口保障基金等。但是社会援助计划存在的一大问题是缺乏固定的资金来源。

食品补贴是俄罗斯各地地方政府给民众提供的购买面包、牛奶、肉类等食物时的补贴。

(三)俄罗斯社会保障制度的改革

当然,虽然俄罗斯的社会保障制度有一定的发展历史,但是难免存在一些隐患。比如说,在长年的发展之后,俄罗斯产生了数量众多的社会保障措施和福利补贴形式,但是俄罗斯政府却没有足够的经济实力负担这些制度和政策,使得很多的优惠政策和补助都不能完全履行。因此,俄罗斯的社会保障制度改革势在必行。2005 年 1 月,由俄罗斯国家杜马和联邦委员会审议通过的《关于以津贴取代优惠》的法案正式开始实施,法案规定,免费乘坐交通工具、免费医疗等优惠政策将被取消,取而代之的是给公众发放津贴进行补偿。俄罗斯政府关于社会保障制度的重大改革也给我国的社会保障制度创新和发展提供了借鉴。

三、德国的农村社会保障制度

德国的社会保障制度迄今为止已经有一百多年的历史了,德国的社会保障体系内容全面、层次丰富,具体包括社会保险、社会救济、家庭补贴等内容。而社会保险作为德国社会保障体系的核心内容,又包括了养老保险、医疗保险、工伤保险、失业保险等具体政策和措施。

1957 年 10 月,德国的社会保障制度又迈出了新的一步,农村养老保险体系的建立开启了德国农村社会保障制度的全面发展。

(一)德国的农村养老保险体系

德国建立农村养老保险体系的法律依据是在 1957 年 7 月颁布的《农民老年救济法》,农民养老保险的目的是为基本丧失劳动能力的老年农民和过早丧失劳动能力的农民提供基本的生活保障。

1. 投保对象

德国农村养老保险体系的投保对象为农场主及其配偶以及共同进行农业劳作的家属。除了法定投保对象之外，德国农村养老保险体系关于投保对象的规定还应注意以下几点。

(1)农场主包括所有独立经营着达到最低规模的农业企业的拥有者。

(2)如果农场主与其配偶没有持久地分居，那么农场主的配偶也应当被视为农场主。

(3)共同劳作的家属包括在农业企业中专职从业的直至第三代的血亲、直至第二代的姻亲以及农场主或其配偶的子女或养子女。

(4)农业企业中被雇佣的员工不算在农村养老保险体系的投保对象范围内，他们应当和普通工人一样，投保普通的法定养老保险。

2. 资金来源

德国农村养老保险体系中养老金的资金主要来源于两部分，一部分来源于农民自己缴纳的资金，一部分来源于政府补贴，来源与政府补贴的资金占大部分。农村养老保险的费用是以法律为依据确定的，每个农场主无论经营的农业企业的规模大小，都缴纳相同数额的保险费用。每一个在农业企业中共同劳作的家属，如果没有申请被免除保险义务，也应当缴纳保险费，其缴纳保险费的数额相当于农场主缴纳费用的50%，原则上由农场主承担。在特定情况下，农场主可以申请对共同劳作家属进行保险费的补贴。

3. 给付形式

德国农村养老保险体系的一般给付形式为现金，如果面对突发的风险，也可以采用物品给付的形式。德国农村养老保险的给付以农场主移交农业企业为先决条件。如果投保人由于接受康复治疗、丧失劳动能力或出于孕期，导致农业企业无法正常运营，那么农村养老保险机构也可以为投保人提供经营或家政帮工等服务。一般情况下，农村养老保险的最低投保年限为15年，如果在此期间农场主丧失了劳动能力，那么最低投保年限可以相应降低到10年。

4. 机构设置

德国的农村养老保险体系具体措施的运作由全国13个养老保险机构负责。这13个养老保险机构分别属于各地的农村同业工伤事故保险机构，并在全国组织建立了一个总联合会。这个总联合会具有资质性质，受到国家的监督。

农村养老保险机构总联合会定期选举会员代表大会和理事会成员,在进行选举时,会员代表大会会员被分为只雇用家属的独立农场主以及雇佣除家属之外的员工的雇主农场主两类,以确保会员代表大会政策选择的公平性。同时,相关联邦政府部门也会派代表加入总联合会的理事会,指导和监督总联合会的运营和管理。

(二)德国的农民医疗保险体系

德国在 1972 年开始了对农民医疗保险体系的探索,在德国,农民医疗保险和普通的职工医疗保险一样,需要农民和国家政府共同承担保险费用。由于很难确定农民的具体收入,因此,德国的农民医疗保险体系共分为 20个不同的缴费等级,农民可以根据自己的具体经济状况,选择不同的缴费等级,当然获得的医疗保险费也会有一定的差别。

德国的农民医疗保险与普通的社会医疗保险不同的是,德国政府会给农民医疗保险提供补贴,以保障农民的生活水平不会因缴纳保险费用而受到影响。在德国,农民缴纳医疗保险费用是必须的,而国家为农民提供医疗保险补贴也是必须的,这样的"双重必须"保证了农民医疗保险体系在德国的持续稳定发展。

(三)德国的农业事故保险

农业事故保险是德国政府为农、林业工作者提供的法定事故保险。农业事故保险和为工商业者提供的保险类似,属于社会保障的分支内容。农业事故保险的赔偿范围涉及两方面:

(1)受保人由于突发的工作事故或患有职业病而必须支出医疗费用的。

(2)为受保人提供工作援助,帮助其重新找到工作。

农业事故保险的一大特色是聘用合格的专家,通过培训、教育等方式帮助受保人获得相关专业知识。

四、法国的农村社会保障制度

(一)法国的社会保障制度

法国的社会保障制度已经经过了一百多年的发展历程,从 20 世纪初第一部关于社会保障的法律的形成和实施,迄今为止,法国已经形成了相对完善的社会保障制度,并且在社会保障体系发展均很发达的西欧国家中仍然处于领先地位。目前,法国的社会保障制度面对全体公民、农民、自由职业者以及公务员等四大类对象,形成了医疗、养老、工伤、失业、家庭补助多种保障措施。

(二)法国的农村社会保障制度

法国的农村社会保障制度就是农村社会保险。法国的农村社会保险由"农业社会互助金管理处"统一进行管理。法国的农村社会保险具体包括养老保险、医疗保险以及家庭补助等内容,农村社会保险已经覆盖到全国多达600万农村人口。

1. 法国农村社会保险的资金来源

法国的农村社会保险的资金主要来源于五部分。

(1)农业人口自行缴纳的各种保险金费用。

农业人口缴纳的保险金费用种类主要有两方面,一方面是包括疾病、残疾、工伤死亡等在内的职业保险金;另一方面是用于农村社会保险的管理、卫生以及医务监督的附加保险金。

(2)人口补偿。

人口补偿是指投保比例较高的保险项目有义务为投保比例较低的保险项目提供一定的财政支持。数据显示,在法国,投保比例较高的保险项目给投保比例较低的保险项目的财政支持约占到投保比例较低的保险项目的资金来源的 28%。

(3)家庭补贴。

家庭补贴主要由全国家庭补贴金库提供,家庭补贴的金额约占所有农村社会保险资金来源的 4%。

(4)国家补贴。

国家补贴主要包括财政预算补贴以及对家庭的补贴两部分内容。国家补贴的金额约占所有农村社会保险资金来源的 14%。

(5)税收补贴。

税收补贴是指某些税收政策给社会保险提供的资金补贴,大约占到所有农村社会保险资金来源的 27%。

2. 法国农村社会保险的受保对象

法国农村社会保险的受保对象可以分为两大类型,一类是领薪农业人员;另一类是非领薪农业人员。领薪农业人员主要包括农业有限公司的专职工作人员以及农校的学生与这些成员的家属;非领薪农业人员包括农业雇主、农业企业个体经营者和企业主等。

3. 法国农村社会保险的发放标准

法国农村社会保险的发放标准根据农民具体缴纳保险金数额的不同，也会有所差别。在条件允许的情况下，领薪农业人员可以享受农业社会保险、家庭补贴以及工伤补贴的福利待遇；而非领薪农业人员则可以享受农业经营者的疾病保险、农村养老保险以及家庭补贴的待遇。

4. 法国农村社会保险的特点

法国的农村社会保险相较于其他国家来说更加灵活。它的优点是实用性强，不同的受保对象可以选择适用的不同标准，能调动受保对象的参保积极性，并且保险启动速度快。但同时，法国农村社会保险也存在一定的缺陷，就是资金来源较分散，因此对资金来源的管理成本会很高。

五、意大利的农村社会保障制度

(一)意大利社会保障制度的发展

意大利的社会保障制度到今天也有一百多年的发展历史了，早在1859年，意大利议会就通过了老年退休法律，虽然没有最终实行，但是也算是意大利的社会保障制度发展的序幕了。意大利现行的社会保障制度发展于第二次世界大战之后，二战后，意大利的宪法规定，劳动者在发生年老、残疾、生病、遭遇工伤事故、失业等情况时，都有权获得一定的救济或补助。并且，意大利所有公民有权获得健康保障；贫困公民有权获得免费医疗服务；丧失劳动能力导致失去经济来源的公民有权获得社会救助等等。意大利现行的社会保障制度包含了养老保险、医疗保健、工伤事故补助、家庭补助、社会救济、义务教育、失业补贴等多项政策和措施。

(二)意大利的农村社会保障制度

意大利的农村人口占全国总人口的5%，在意大利，所有的农村人口都可以享受和城镇居民相同的社会保障福利待遇，真正实现了城乡一体化，意大利的农村社会保障体系共包括以下几方面的主要内容。

1. 免费义务教育

在义务教育方面，意大利实行14岁免费义务教育政策，也就是说包括城市和农村所有的适龄儿童都必须在 14 岁之前接受义务教育,但是在义务教育的政策下,接受教育的孩子必须自己承担课本费、校车费、食宿费以及其他杂费。

2. 免费医疗服务

意大利自 1957 年就开始实行免费医疗政策了。免费医疗政策有一定的限制条件,只有下列两种情况的医疗费用才能全免:

(1)年满 65 周岁的男性和年满 60 周岁的女性的疾病治疗。

(2)大病、急诊。

如果你是一名来到意大利旅游的外国游客,就算没有在意大利参保任何医疗保险,在发生急诊时,同样可以享受免费医疗的待遇。

除了以上两种情况,其他的疾病不能享受全免的医疗福利,一般支付的医疗费用占所有费用的 10%,也就是说免费医疗政策可以为生病的患者省去 90% 的医疗费。正是由于意大利免费医疗政策的广泛运行,意大利政府已经在经济方面不堪重负,很多地区的地方政府都出现了财政赤字的情况。

3. 退休养老

在养老方面,农村居民同样和城镇居民享有一样的权利和待遇。凡是年满 65 周岁的男性以及年满 60 周岁的女性都可以领取养老金。但是领取养老金的金额要根据其缴纳社会保障税的多少来决定。

(1)劳动者缴纳社会保障税满 20 年,每年不少于 1 500 欧元的,退休后每月可获得 450 欧元的养老金。

(2)缴纳社会保障税不足 20 年或从来未曾缴纳过社会保障税的劳动者,退休之后,每年只能够领取 230 欧元的养老金。

(3)养老金采取多缴多领的原则,在缴纳 20 年,每年 1 500 欧元的基础上,如果劳动者还多缴纳社会保障税,那么退休后就可以领取到更多的养老金。

六、加拿大的农村社会保障制度

(一)加拿大农村社会保障制度的发展

加拿大逐步建立起社会福利制度大致从第二次世界大战之后开始。20世纪 40 年代和 50 年代,加拿大分别建立了工商业职业团体年金制度和职业灾害保险体系;到了 20 世纪 60 年代,加拿大又颁布了《社会救济法》,并创办了国民年金制度。20 世纪 50 年代以来,加拿大政府逐步加速"安全网计划"的建设,为农民收入以及基本生活提供了保障,20 世纪 90 年代以来,"安全网计划"已经逐步由以"社会救济"为核心转换到以政府支持的"社会保险"为主。

(二)加拿大农村社会保障制度的相关政策

1."安全网计划"

"安全网计划"是加拿大政府从 20 世纪 50 年代就开始运营的一项农村社会保障制度政策。"安全网计划"旨在稳定并提高农村居民的收入。"安全网计划"的主要措施体现在 1957 年通过的《农村平稳法》以及其他两部法律——《全国三方协议平稳计划》以及《西部谷物平衡法》当中。

"安全网计划"的目的是控制农民由于农产品价格的变化而需要面对的风险,尽量减少农民的经济损失。具体的政策措施是,政府给农民提供农产品价格补贴,使农民出售农产品的价格维持在一定的水平上,保证农民能从农产品的种植和销售中获得稳定的收入。

2.《农民所得保护法》的颁布

1992 年 4 月,加拿大政府颁布了《农民所得保护法》,法律明确对农民的收入进行了保护。由于加拿大农业人口的比例一直呈现下降的趋势,农业生产的利润越来越少,因此,为了保护农民的收入,鼓励农民继续进行农作物种植和经营,政府通过颁布法律的形式对农民的收入进行保障。

《农民所得保护法》将农民所得政策概括为两大计划,分别是作物保险和净所得稳定计划。作物保险主要是为了控制农民因农作物生产环境或生产状况的变化而面对的风险;净所得稳定计划主要是为了鼓励农民在高收入时多储蓄,以备不时之需。

3. 净所得稳定计划

上文中已经提到,"净所得稳定计划(NISP)"旨在鼓励农民在收入高时进行储蓄,以备低收入时使用。净所得稳定计划是继 1991 年《农民所得保护法》颁布之后,加拿大最重要的保障农民利益的具体决策之一。在 20 世纪 40 年代到 20 世纪 50 年代的这段时期内,加拿大政府推行了很多职业团体年金计划,虽然能保障普通劳动者的生活,但是却无法给农民的收入起到保障作用。"净所得稳定计划"不仅能保障农民的基本收入,而且能保障农民退休之后的收入。因此,"净所得稳定计划"又可以称为"农民年金计划",

由加拿大各级政府和产品农民代表组成 NISA 委员会,对整个计划进行运营和管理。农民可自愿参加"农民年金计划",办理两个个人账户,分别记录存款额和政府提供的"相对基金"、额外和普通利息收入。农民需要从账户中提款时,需要向 NISA 委员会提出申请,并且领取资金数额不能超过可提款最高限额。农民在退休之前,定期向年金计划的账户缴纳保险金,这样在退休之后,就可以获得养老金的保障了。

七、其他国家的农村社会保障制度

上文中,我们对几个西方主要发达国家的农村社会保障制度进行了讨论,这些国家实行的基本上都是自由主义的福利体制和保守主义福利体制。下面我们来探讨几个实行社会民主主义福利体制的国家的农村社会保障制度,相信对我国的农村社会保障体系的发展也会有很大的借鉴意义。

(一)瑞典的农村社会保障制度

1. 瑞典的社会保障制度的发展

瑞典是一个发展社会福利较早的国家,早在 1884 年,瑞典议会就对社会保障问题进行了讨论,在 1911 年,瑞典政府开始向一些由工人组成的自发组织提供一定的津贴,这成为瑞典社会保障制度发展历史上最早的社会福利措施。1913 年,瑞典议会通过"全国养老基金方案",这也是全世界第一个全国性的社会保障计划,对于整个世界的社会保障制度的发展具有重要意义。经过几十年的改革和发展,瑞典已经形成了相对较为完善的社会保障体系,实现了"从摇篮到坟墓"的社会保障。

2. 瑞典的农村社会保障政策

同德国一样,瑞典也拥有一套完整的农村社会保障体系,并由一个统一的农村社会保障管理机构管理和监督其运营。农村社会保障管理机构除了对农村社会保障制度进行管理之外,也在平衡资金流动、分配资金使用等方面发挥着重要作用。瑞典农村社会保障政策的具体内容主要包括以下几部分。

(1)养老保险。

在瑞典,所有农民和城镇居民享受同等待遇的养老保险福利。瑞典的养老保险分为两部分内容,分别是基本养老保险和附加养老保险。基本养老保险就是按照瑞典的《全国养老金法案》规定的一种普遍的义务保险,人人都可以享受其待遇;附加养老保险则是根据瑞典每年的全民收入和纳税情况进行确定,也就是说,瑞典公民退休之后能领取到的附加养老金是和国家的整体收入以及劳动性质相关的。此外,一些居民无法享受所有附加养老保险的福利,但是在生活中又存在一定的困难,针对这样的居民,政府提供了养老金补贴、残疾津贴、住房补贴等福利政策。

(2)医疗保险。

在瑞典的农村居民享受和城镇居民平等、相同的医疗政策。瑞典的医疗保障实行社会保险和普遍保障双重制度,接近90%的医疗服务都是由公立医院或公立卫生设施提供的。

瑞典医疗保险的资金来源于参保人员缴纳的费用、参保人员雇主缴纳的费用以及政府财政补贴三部分。而医疗保险的支出主要包括医疗费补助、医药费补助以及疾病补贴三部分。对于没有受雇于任何单位的居民,在其生病需要进行治疗时,医疗保险在其生病的第 2 天起,向其提供其收入的65%作为补贴;从其生病的第 4 天起,向其提供其收入的70%作为补助。

(二)丹麦的农村社会保障制度

丹麦是一个经济发达、农业尤其发达的国家,因此,农村社会保障制度在这个国家就显得尤为重要。

1. 丹麦的社会保障制度的发展背景

丹麦是一个农业发展非常发达的国家,丹麦每年的农业产值足够养活整个北欧地区的人民,但是在丹麦从事农业生产的人口非常之少,只占到丹麦总人口的 5%左右。1849 年,丹麦宪法制定之后,丹麦的农民在全国政治中有了发言权,供销社、健康保险社、储蓄银行相继成立;1970 年,合作社有了突飞猛进的发展,到第二次世界大战开始之前,在丹麦的合作社数量已经达到了 1 900 个。正是这样的环境和背景促进了丹麦社会保障制度以及农业产业的发展。

2. 丹麦的社会保障制度的发展

上文中我们提到,丹麦是一个农业发展非常发达的国家,这就造成丹麦的相关政策比较倾向于农民。1891 年,丹麦通过了养老金法;1892 年,健康保险法得到了通过;到了 20 世纪 20 年代,在俄国和德国革命的影响下,丹麦贵族在其领地的特权被取消,这些因素都对社会保障制度的发展起到了影响作用。

丹麦的社会保障制度具有平等、全面、政府高度参与等特征。

3. 丹麦的农村社会保障政策

丹麦的农村社会保障政策主要包括社会转移支付、社会服务、对特殊人群的社会措施等等。

(1)社会转移支付。

在社会转移支付中占有最大比例的就是养老金计划,在丹麦,养老金计划没有城镇、农村之分,主要包括基本养老金、年金附加金以及特殊年金三种形式。一般来说,法定养老金的数额应该是丹麦平均工资的48%。

除了养老金之外,社会转移支付中另一项重要的内容就是失业救济金,失业救济金的领取数额应该为平均工资的70%。失业救济金的发放使得丹麦政府从20世纪80年代以来需要承受的转移支付负担越来越重。

(2)社会服务。

丹麦社会保障制度中另一项重要内容就是社会服务。社会服务的对象是儿童和老人,国家提供给他们的社会服务所需要的开支占到所有社会支出中非常大的比例。

第二节　国外农村社会保障制度建设发展的启示与思考

通过上一节对国外农村社会保障制度的研究和分析,我们可以看出,国家政府的政策支持、社会观念、国家的经济发展水平等都是影响一国农村社会保障制度发展的重要因素,而想要推动农村社会保障制度的发展,就必须要在坚持社会保障制度发展方向、坚持政府指导、完善农村社会保险体系等方面进行努力。

一、国外农村社会保障制度的比较

通过上一节对国外农村社会保障制度的研究,我们可以总结出国外农村社会保障制度的共同点和差异。

(一)国外农村社会保障制度的共同点

通过对西方各国农村社会保障制度的研究,其社会保障政策的共同点主要体现在以下几方面。

1. 建立时间较长

农村社会保障制度发展的一个重要特点就是经历了漫长的建立期。国外的农村社会保障制度不管是从行业转移来看，还是从地区转移来看，都经历了漫长的发展阶段。比如说，美国的普通职工社会保险在1935年就已经建立，但是直到1990年，美国专门的农村社会保障制度才得以确立；而在德国也同样如此，德国早在1883年就颁布了为工人建立社会医疗保险的法律依据——《疾病保险法》，但是直到1957年，农村社会养老保险政策才开始运行。

2. 体系大致相同

国外农村社会保障制度的体系基本一致，大致都包括养老保障、农村居民基本生活保障、医疗保障、社会救助、社会福利、农业保险等项目。其中，养老保险、农村居民基本生活保障、医疗保险这三项政策是农村社会保障制度的基本措施，也是核心内容。

3. 具有法律依据

国外建立了农村社会保障制度的国家往往都颁布了农村社会保障的相关法律，以确保农村社会保障制度的健康、顺利的运行和发展。比如美国的《社会保障法案》等，这些法律不仅为社会保障制度在农村的顺利发展奠定了基础，同时也推动了各国社会保障制度和体系的健全和完善。

4. 经济发展因素

我们分析西方各国建立农村社会保障制度的背景不难发现，各国建立农村社会保障制度的时候，其国家的农业发展都陷入了一定的困难，农业增长停滞不前，农业经济出现负增长的发展趋势。在这样的环境下，为了保证农业从业者的收入和基本生活，推动农业的继续发展，各国纷纷开始建立农村社会保障制度。可以说，农村社会保障制度是一种以工补农的集中表现，同时也是工业反哺农业的重要内容。

5. 农村社会养老保险补贴幅度大

西方大部分国家的农村社会保障制度中都对农民的社会养老保险进行了大幅度的补贴，其原因主要体现在三个方面。

（1）农村社会养老保险为农村老年人提供了财力支持。在国家经济快速发展的过程中，农村人口老龄化的问题日益严重，农村老年人口的基本生活得不到保障成为农村问题中一大重要课题,因此,政府亟须实行相关政策、措施,以保障农村老年人的基本生活,促进农村问题的解决。

(2)农村社会养老保险制度很难实现个人独立的养老保险。也就是说,农村的养老社会保险很难保障农村老年人的晚年基本生活,因此,政府需要对该项保险进行补贴,以调动农村居民参加养老保险的积极性,扩大农民养老保险的参保范围,推动农村养老社会保险的发展和运行。

(3)农村养老社会保险是政府推动农业发展的重要政策和措施之一。要保证国民经济的稳步发展,就一定不能忽视农业、农村、农民的力量和基础地位,因此,实行农村养老社会保险制度,保障农民基本生活,推动农业经济的发展,才能进一步实现国民经济的稳步提高。

(二)国外农村社会保障制度的差异

除了上述五个共同点之外,国外农村社会保障制度还存在着以下差异。

1. 经济基础不同

农村社会保障制度建立的经济基础不同是国外农村社会保障制度差异的一个显著体现。有的国家已经处于经济发达的历史阶段,因此,存在相对稳定的经济基础和充分发展的市场经济为基础,同时农村社会保障制度的建立以私有制经济为主体为基础。而一些发展中国家的社会经济发展还不发达,市场经济还不完善,农村生产力水平也相对落后,那么在农村社会保障制度的发展上,必然会落后于西方发达国家。

2. 保障范围不同

不同国家的农村社会保障制度的保障范围也有所区别。各国不同的经济发展状况在很大程度上决定了农村社会保障的覆盖范围以及涉及项目。在经济发展相对发达的国家和地区,国家政府有能力承担多项农村保障制度,同时也重视农业保险的推行,因此,在这些国家和地区,农村社会保障制度的覆盖面很广,几乎所有农村居民都能享受到农村社会保障带来的待遇和福利。而在经济发展相对不发达的国家和地区,社会生产力水平不高,农村社会保障制度还不完善,因此,农村社会保障制度的具体政策措施内容不全面,只有极为贫困的农村居民可以成为农村社会保障制度的保障对象。

3. 筹资方式不同

目前,世界上建立了农村社会保障制度的国家多达160余个,其中开征社会保险税筹集资金的国家占到一半以上。从筹资方式来看,各国的具体方法也存在差异。类似于美国、英国这样的国家,农村社会保障的资金主要来源于社会保险税的征收;而在德国、日本等国,农村社会保障的资金主要来源于农民的雇主及农民个人的缴费。

二、影响农村社会保障制度发展的因素

影响农村社会保障制度发展的因素非常之多,除了最基本的经济因素之外,还包括国家政策的支持、社会结构、社会观念等。

(一)国家的经济发展水平

国家的经济发展水平是影响包括农村社会保障制度在内的整个社会保障体系的决定性因素。其中直接对农村社会保障制度产生影响的就是农业经济的发展状况。数据显示,德国在建立了农村社会保障制度的这几十年来,农业生产总值占国内生产总值的比例已经从 28％～30％下降到 5％,但是仍然没有影响到德国专门的农村社会保障制度的发展和盈利。而我国的农业生产总值在近年来占国内生产总值的比例虽然有所下降,但是总值的数额还在不断地上涨,为农村社会保障制度的建立健全奠定了一定的基础。

(二)国家的支持政策

国家的支持政策也是对农村社会保障制度的发展起到重要影响作用的因素。我国 20 世纪 80 年代开始探索建立农村养老保险制度,顺应了农村城镇化的发展趋势以及农民对保障老年生活的需求。但是,在农村社会保障制度的方向的确定、相关配套措施的建立、管理体制的优化等方面还需要更进一步的认知和探索。

(三)社会观念

社会观念也是影响农村社会保障制度建立与完善的重要因素,尤其是决策者的观念,对农村社会保障制度的发展起到主导性作用。德国农村社会保障制度的主导思想是谋求社会公平,支持和帮助处于生病、失业、年老等社会不利地位的人们,以实现社会的平等。这种主导思想导致德国的农村社会保障制度形成了利用税收再分配的方式实现社会公平的措施。

在我国,人们对农村经济以及农村社会保障的认知还处于非常浅显的阶段,很多人认为农村居民的生活就应该由土地来保证,政府没有必要建立农村社会保障制度。在这样的环境下,要想推动我国农村社会保障制度的发展,首先要加强人们对农村社会保障的认知和了解。

(四)社会结构

除了上述三个重要的因素之外,社会结构也会对农村社会保障制度的形成模式产生重要的影响。比如,德国和俄罗斯都是工业化国家,农民在总人口中占有的比例很小,因此,在德国和俄罗斯,农村居民享受和城镇居民完全相同的社会保障制度的政策措施。而我国是一个农业国家,农村人口占全国总人口的比例达到了70%,因此,要保障我国农村居民的基本生活,为农民的收入和生活质量提供保障,就应该采取"突出重点、梯次推进"的策略,实行加快农村城镇化的方针政策,推动专门的农村社会保障制度的发展。

三、国外农村社会保障制度对我国建设农村社会保障制度发展的启示

经过上述对农村社会保障制度特征以及影响因素的分析,我们可以总结出我国建设农村社会保障制度应当注意的问题。

(一)必须尊重国情

农村社会保障制度的发展必须建立在尊重国情的基础上,建立在我国生产力发展水平之上。在西方发达国家,虽然农村社会保障制度明显落后于城镇的社会保障制度,但是西方国家的经济水平和农业发展状况和我国有本质上的区别,西方发达国家的农民拥有大片的属于自己的土地,农业产出率明显高于我国农业的生产水平。同时,西方发达国家大多是工业国家,农业经济以及农村居民占国内经济和国内总人口的比例相对较小,而我国是农业大国,农村居民占全国总人口的比例达到了70%。因此,我们要针对我国的特殊国情,关注农村居民对养老社会保险的重大需求,结合自身传统,在继承的基础上建立起顺应时代发展趋势、适应我国农村生产力水平的农村社会保障制度。

(二)必须立法先行

建立农村社会保障制度必须立法先行。上一节通过对西方国家的农村社会保障制度的研究可以发现,西方国家的农村社会保障制度都拥有一套完备的法律体系作为制度实施依据。社会保障制度的法律体系能对社会保障的具体措施、社会保险的给付条件和给付标准、社会保险基金的运营进行明确,并以法律的形式固定下来。社会保障制度,包括农村社会保障制度的

运行和发展不能离开健全的法制体系,农村社会保障的具体内容、实施对象、实行标准、操作流程等都必须按照相关法律进行确定。只有建立健全农村社会保障制度的专门法律体系,才能保证农村社会保障制度的健康、稳定发展。

(三)追求资金来源多元化与保障运行社会化

目前我国的农村社会保障制度的资金主要来源于投保人个人缴费、农村集体补助以及政府政策支持。在未来的发展过程中,要坚持以政府负担为重要基础,农村集体经济和投保人个人缴纳为补充的方式进行农村社会保障制度资金的筹集。扩大资金的来源,能在一定程度上减轻农民的缴费压力,调动农村居民的参保热情,进一步推动农村社会保障制度覆盖面的扩大。

追求农村社会保障的社会化就是要调动全民参与农村社会保障体系的积极性,鼓励社会成员参与到社会保障事务的工作中来,使社会保障制度,包括农村社会保障制度拥有更坚实的社会基础。

(四)以渐进的方式推动城乡社会保障政策的衔接

在我国,由于农村人口占全国总人口的比例非常之大,因此必须在农村施行专门的农村社会保障制度。但是农村社会保障制度无论从保障范围还是保障水平上都与城镇社会保障制度存在一定的差距。通过对西方国家社会保障制度的分析,我们可以发现,很多国家的城乡社会保障制度并不是在一开始就是统一、同步的,也是经过了长久的发展,才形成了相对统一的社会保障体系。我国是一个农业大国,要想促进城乡社会保障体系的统一,不是一件简单的事情,在发展过程中,政府及相关部门应该秉持逐步推进的原则,以渐进的方式推动城镇社会保障政策同农村社会保障政策的同步。具体来说,我们要以我国的特殊国情为出发点,以生产力发展为重要依据和前提条件,逐步在保障项目、保障内容、保障水平、保障范围等方面实现城乡社会保障政策的衔接。实现城乡社会保障政策的统一势必要经历一个漫长的发展过程,在这个发展过程中,政府及相关部门要做好调查研究、编制合理的计划,分阶段、分步骤地推进统一的社会保障体系。

(五)明确农村社会保障的定性定位

在以我国特殊国情为基础、以法律为依据,建设农村社会保障制度的同时,还要注意对农村社会保障制度定性和定位的明确,将建设农村养老社会保险制度作为农村社会保障体系进一步完善的重要措施。目前,在我国农村地区,土地和家庭仍然是承担农民生活保障的重要因素,但是我国的人均耕地面积正在减少,依靠土地保障农民生活水平已经变得越来越不稳定,因此就需要一定的社会保障措施来保证农民的基本生活。我国十六届六中全会决定,将"覆盖城乡的社会保障体系基本建立"作为建设社会主义和谐社会的重要目标之一。根据会议精神,我们可以把农村社会保障体系的定性定位概述为:逐步建立农村养老社会保险制度,是我国一项长期的社会政策,同时也是我国建设社会保障体系的重要内容之一,属于基本养老保险范畴。要将农村养老社会保险制度同土地、家庭一样,看作保障农村老年人基本生活的保障来源。

(六)完善和落实相关配套政策

推动农村社会保障制度的发展,一定要完善和落实相关配套政策和措施,使农村社会保障制度的相关措施和配套措施结合起来运行,更好地保障农村居民的生活水平。具体来说,可以从以下几方面进行努力。

第一,要采取措施对农村社会保障制度的管理体制进行研究和分析,理顺管理体制,对各级农村社会保障机构及相关工作人员进行合理分配和调整,对社会保障的财政支出进行预算。

第二,要出台农村社会保障体系基金管理的具体办法和基金增值保值政策,提高农村居民参与社会保障的积极性。

第三,要在征收社会保障费用的时候实行免税政策,减轻农民参保的经济负担。

第四,从长远来看,还要加强政策措施的力度,调整政府财政支出的支出结构;加大财政转移支付力度,推动农村社会保障措施更加便利的运行。

参考文献

[1]李学举.跨世纪的中国民政事业·总卷(1994—2002).北京:中国社会出版社,2002

[2]成思危.中国社会保障体系的改革与完善.北京:民主与建设出版社,2000

[3]郑功成.中国救灾保险通论.长沙:湖南出版社,1994

[4]郑功成.中国社会保障制度变迁与评估.北京:中国人民大学出版社,2002

[5]郑功成.科学发展与共享和谐——民生视角下的和谐社会.北京:人民出版社,2006

[6]王保真.医疗保障.北京:人民卫生出版社,2005

[7]米红,杨翠迎.农村社会养老保障制度基础理论框架研究.北京:光明日报出版社,2008

[8]严新明.生存与发展——中国农民发展的社会时空分析.北京:社会科学文献出版社,2005

[9]周汉华,何峻.外国国家赔偿制度比较.北京:警官教育出版社,1992

[10]李和森.中国农村医疗保障制度研究.北京:科学技术出版社,2005

[11]王越.中国农村社会保障制度建设研究.北京:中国农业出版社,2005

[12]刘翠霄.天大的事——中国农民社会保障制度研究.北京:法律出版社,2006

[13]宋斌文.当代中国农民的社会保障问题研究.北京:中国财政经济出版社.2006

[14]丁建定,魏科科.社会福利思想.武汉:华中科技大学出版社,2005

[15]严新明.失地农民的就业和社会保障研究.北京:中国劳动社会保障出版社,2008

[16]李水山.韩国新村运动及启示.南宁:广西教育出版社,2006

[17]杨宜勇,吕学静.当代中国社会保障.北京:中国劳动社会保障出版

社,2005

[18]穆怀中.社会保障国际比较.北京:中国劳动社会保障出版社,2002

[19]陆学艺.当代中国社会阶层研究报告.北京;社会科学文献出版社,2002

[20]钟仁耀.社会救助与社会福利.上海:上海财经大学出版社,2005

[21]何雪松.社会学视野下的中国社会.上海:华东理工大学出版社,2002

[22]李君如,吴焰.建设中国特色农村社会保障体系.北京:中国水利水电出版社,2008

[23]李培林,李强,马戎.社会学与中国社会.北京:社会科学文献出版社,2008

[24]李立清.新型农村合作医疗制度.北京:人民出版社,2009

[25]李珍.社会保障理论.北京:中国劳动社会保障出版社,2001

[26]邓大松.社会保险.北京:中国劳动社会保障出版社,2004

[27]林义.社会保险基金管理.北京:中国劳动社会保障出版社,2002

[28]孙光德,董克用.社会保障概论.北京;中国人民大学出版社,2004

[29]王齐彦.中国城乡社会救助体系建设研究.北京:人民出版社.2009

[30]来士云.中国农村社会保障制度结构与变迁(1949—2002).北京:人民出版社,2006

[31]宋晓梧.中国社会保障制度改革.北京:清华大学出版社,2001

[32]杨良初.中国社会保障制度分析.北京:经济科学出版社,2003

[33]金丽馥,石宏伟.社会保障制度改革研究.北京:中国经济出版社,2000

[34]方乐华,张明.社会保障法论.上海:世界图书出版公司,1999

[35]杨翠迎.中国农村社会保障制度研究.北京:中国农业出版社,2003

[36]林毓铭.社会保障管理体制.北京:社会科学文献出版社,2006

[37]俞传尧.社会保障理论与实务.北京:中国财政经济出版社,2000

[38]奚国泉.社会保障制度与构架.北京:高等教育出版社,2001

[39]蒋月.社会保障法概论.北京:法律出版社,1999

[40]劳动和社会保障部,中共中央文献研究室.新时期劳动和社会保障重要文献选编.北京:中国劳动社会保障出版社、中央文献出版社,2002

[41]成保良.社会保障概论.北京:九州出版社,2001

[42]孟昭华.中国民政思想史.北京:中国社会出版社,2000

[43][英]罗伯特·伊斯特著;周长征等译.社会保障法.北京:中国劳动社会保障出版社,2003

[44][意]帕累托.政治经济学教科书转引自厉以宁等.西方福利经济学述评.北京:商务印书馆,1984

[45][美]约翰·罗尔斯著;何怀宏等译.正义论.北京:中国社会科学出版社,1988

[46][英]蒂特马斯著;江绍康译.社会政策十讲(中文版).香港:商务印书馆,1991

[47][英]贝弗里奇.贝弗里奇报告——社会保险和相关服务.北京:中国劳动社会保障出版社,2004

[48][美]詹姆斯·C.斯科特著;程晓,刘建等译.农民的道义经济学:东南亚的反叛与生存.南京:译林出版社,2001

[49][英]Charles O. Jones. An Introduction to the Study of Public Policy,North Scitute,Mase,Duxhuy Press. 1977

[50][美]道格拉斯·C.诺斯.经济史中的结构与变迁.上海:上海人民出版社,1994

[51][英]汤森.贫困的国际分析.纽约:哈维斯特·惠特谢夫出版社,1993

责任编辑：石永峰
封面设计：崔　蕾

新时代语境下的
我国农村社会保障研究

XINSHIDAI YUJINGXIA DE
WOGUO NONGCUN SHEHUI BAOZHANG YANJIU

ISBN 978-7-5170-2346-3

9 787517 023463 >

定价：38.00 元